A MES FRÈRES LES TRAVAILLEURS

PHILOSOPHIE

DE

L'INTERNATIONALE

PAR

A. DELAPORTE

Auteur du *Problème économique.*

PARIS

VICTOR PALMÉ, LIBRAIRE ÉDITEUR

25, RUE DE GRENELLE SAINT-GERMAIN, 25.

—

1871

A MES FRÈRES LES TRAVAILLEURS

PHILOSOPHIE

DE

L'INTERNATIONALE

PAR

A. DELAPORTE

Auteur du *Problème économique.*

PARIS

VICTOR PALMÉ, LIBRAIRE ÉDITEUR

25, RUE DE GRENELLE SAINT-GERMAIN, 25.

1871

A MES FRÈRES LES TRAVAILLEURS

La bataille de Paris est finie. Les canons se taisent, les cadavres sont ensevelis ; l'ordre règne.

Mais la lutte continue. Une puissance occulte et collective qui a porté plus d'un nom et qui s'appelle aujourd'hui l'*Association internationale des travailleurs* appelle plus ouvertement que jamais les prolétaires de tous les Etats à une nouvelle prise d'armes contre la société.

Au camp des *hommes d'ordre*, beaucoup maudissent les hommes de la commune. Pour moi, je ne maudis personne ; je ne sais pas maudire.

Parmi les hommes de la commune, il se rencontrait des égarés. Que la justice sociale leur soit clémente !

Parmi les partisans de la commune, il se rencontre, en plus grand nombre qu'on ne croit, des âmes loyales, entraînées par des sophistes habiles.

A ces ouvriers honnêtes, mais séduits, je voudrais épargner des déceptions, des souffrances, des remords.

Les journaux vendus à l'*Internationale* se sont adressés à leurs mauvais instincts — (nous avons tous des instincts pervers, et c'est pour cela que la vertu est un triomphe). — Je veux m'adresser à leur raison et à leur cœur.

Travailleurs, l'*Internationale* vous invite à démolir la société actuelle et vous promet une société meilleure. Ce qu'elle vous demande est un crime; ce qu'elle vous promet est un rêve.

Vous hochez la tête. Vous vous préparez à me faire l'énumération de tous vos griefs contre la société... Ne vous donnez pas cette peine. Vos griefs, je les connais. Vous êtes mécontents, ce n'est pas sans cause. La condition actuelle du travailleur n'est pas ce qu'elle doit être. Des réformes sont indispensables; si elles ne se font pas, tout croulera. Ce n'est pas la cause de la bourgeoisie que je viens plaider devant vous; c'est la vôtre. Travailleurs mes frères, j'ai eu l'honneur de présider, durant plusieurs années, une société de secours mutuels comprenant plus de mille membres; je connais l'ouvrier, je me suis entretenu avec lui de ses besoins, de ses aspirations, de ses épreuves, de ses devoirs, de ses droits. Je ne suis pas de ceux qui, ne sachant pas quelles difficultés il rencontre sur son rude chemin, lui sont sévères; je ne suis pas non plus de ceux qui le flattent, parce qu'ils veulent l'utiliser au service de leur ambition.

A l'endroit de ceux qui trouvent toutes choses à leur place dans la société contemporaine, parce qu'ils y jouissent d'une position agréable et d'une belle fortune, j'éprouve un très-parfait mépris.

Nous avons certainement beaucoup à faire; mais devons-nous réformer les parties défectueuses des institutions sociales ou renverser l'édifice de fond en comble pour le rebâtir à nouveau? Là est la question sérieuse.

Dans l'antagonisme des hommes qui veulent maintenir l'ordre social actuel en l'améliorant seulement, et des hommes qui veulent le renverser de fond en comble, j'entrevois d'épouvantables calamités pour toutes les classes de citoyens. Pendant la lutte, le bon vouloir des citoyens modérés, qui veulent de sages améliorations, se trouve paralysé par les menées des réformateurs violents. Le mécontentement seul progresse : la tempête sociale éclate, les classes riches sont frappées ; mais elles ne le sont pas seules, et les classes laborieuses ne tardent pas à subir un épouvantable contre-coup. Quand un tremblement de terre renverse tout à coup une cité populeuse, parmi les morts et les blessés on trouve également les riches habitants des étages inférieurs et les pauvres habitants des mansardes. Qui peut l'ignorer ? La révolution de 93 a bu le sang des ouvriers à pleine coupe, comme celui des nobles, des prêtres et des bourgeois. La guillotine a fauché les têtes républicaines après les têtes royalistes.

Travailleurs, ne croyez pas que la guerre civile menace seulement une classe de citoyens ; elle menace tout le monde, et de nos jours, elle menace surtout le prolétaire, que l'*Internationale* excite à en rallumer les torches encore fumantes.

Que d'autres fassent comprendre à la bourgeoisie combien il lui importe de conjurer une collision nouvelle et combien tous les moyens de maintenir l'ordre sont impuissants, s'ils ne s'appuient sur la pratique de la vertu. Ici je parle aux travailleurs.

Devant moi j'aperçois des millions d'hommes sur le front desquels je découvre une noblesse incomparable. Plus que tous les autres ils ont leur destinée entre les mains de leur liberté. Ils n'ont point reçu d'héritage qui leur permette de profiter des labeurs de leurs aïeux ; mais ils possèdent une intelligence pour étudier et pour juger, une volonté pour se décider, pour se dévouer, un bras vaillant pour transformer la matière brute en tous les produits nécessaires, utiles ou seulement agréables. Voilà des hommes qui, entre tous les hommes,

seront véritablement les fils de leurs œuvres ! Dans
la société, ils ne doivent attendre de jouissances
que celles qu'ils auront conquises. Je m'explique
qu'ils s'indignent à la pensée de voir des oisifs les
exploiter et les mépriser tout ensemble. Mais je
m'indigne à mon tour à la vue des sophistes qui,
plus dangereusement encore, les excitent à marcher par un sentier de boue et de sang à la con-
quête d'une félicité impossible.

Et je dis aux travailleurs : Avant de vous enchaîner par de terribles serments ; avant de quitter
vos ateliers et d'aller dans la rue échanger des
coups de fusil avec ce soldat qui était hier un travailleur comme vous et qui le redeviendra demain,
réfléchissez !...

La réflexion n'est pas chose chère. Pour réfléchir, il ne faut pas bourse délier. La réflexion
épargne, au contraire, bien souvent votre argent,
votre tranquillité, votre honneur.

Tuer un de vos semblables sans en avoir réellement le droit, c'est un crime infâme ; se faire tuer
par le soldat, sans motif raisonnable, c'est une exécrable duperie.

Réfléchissez !

La doctrine de l'*Association internationale des
travailleurs* se résume en deux mots :

Démolition totale de la société actuelle.

*Construction d'une société nouvelle dont on expose
le plan.*

Examinons :

1° S'il faut démolir, comme on vous y engage ;

2° Si le plan proposé serait exécutable.

Travailleurs mes frères, veuillez lire avec atten-
tion ces courtes pages. Ne sera-t-il pas toujours
temps, si elles ne vous ont pas persuadés, de vous
livrer corps et biens aux chefs masqués de l'*Internationale ?*

PREMIÈRE PARTIE.

I. — Les hommes d'ordre et la cause de l'ordre.

L'*Internationale* a supprimé la providence divine, — au moins sur ses programmes ; — mais elle admet encore deux forces distinctes agissant simultanément en ce monde, dans l'harmonie ou dans la lutte ; l'une est la *libre volonté* de l'individu, l'autre est cet ensemble d'institutions que nous désignons par le mot de *société*.

Isolé dans une île déserte, l'homme serait absolument libre, du moins dans la mesure de son pouvoir sur lui-même et sur la nature. En contact avec ses semblables, il reçoit beaucoup d'eux, mais il est obligé à donner quelque chose ; il a des droits, mais il est tenu au respect des droits d'autrui.

L'état de société est-il préférable à l'isolement ? Personne n'en doute. Comme les abeilles, les hommes ne vivent que réunis.

Pour discuter amicalement, un point de départ commun est indispensable.

Ce principe universellement admis, le voici : « *L'homme est fait pour vivre en société.* »

Faits pour vivre en société, que cherchons-nous dans la société ?

Ce que nous cherchons partout et toujours, le bonheur.

Nous demandons à la société l'instruction, une plus grande facilité de travail, une plus grande somme de jouissances physiques et morales, une existence plus agréable.

Si elles sont bonnes, les institutions sociales doivent produire effectivement ce résultat. Et l'expérience prouve que la plus imparfaite des sociétés est de beaucoup supérieure à l'isolement complet. Faute de s'associer pour la pêche et la chasse, les sauvages de l'Océanie mourraient de faim ; faute de former un Etat quelconque, ils seraient réduits en servitude ou mangés par leurs voisins associés.

Toutefois les sociétés les plus avancées sont impuissantes à donner à chacun de leurs membres tout ce que chacun d'eux désire. On y est moins malheureux ; on n'y trouve pas le bonheur parfait.

C'est même chez les peuples les plus civilisés qu'on entend plus de plaintes, qu'on voit plus de mécontents.

Ce ne sont pas les Hottentots qui réclament tous les quinze ans une constitution nouvelle; ce sont les Français.

Ceci pourrait expliquer aux indigents comment beaucoup de riches ont plus de soucis qu'eux, parce que la richesse a éveillé en leur âme de plus ardentes convoitises.

D'où vient ce mécontentement universel? A mesure que la civilisation monte, il grandit. C'était un murmure, c'est un rugissement.

Nous désirons beaucoup ; nous jouissons très-peu. Pourquoi ?

Ne serait-ce pas tout d'abord parce que nous demandons pour notre vie mortelle plus qu'il ne lui est accordé ? On nous disait dans notre enfance, sur les bancs du catéchisme, que cette vie mortelle est une épreuve dont la récompense est ailleurs. Ce n'est pas seulement l'enseignement des prêtres, c'est la conviction de l'humanité, de ces grands sages de tous les siècles et de tous les pays, auprès desquels les célébrités du journalisme contemporain ne sont que d'invisibles infusoires.

« Cette vue d'ensemble s'harmonise parfaitement avec la loi qui régit les détails de notre vie : *la jouissance, prix de l'effort !* Si elle est vraie, toute souffrance, toute inégalité passagère s'explique. La récompense future sera calculée sur l'effort présent : plus la carrière d'un homme aura été pénible, plus il trouvera de joie en arrivant au terme.

Dès lors, la maîtresse question n'est plus de jouir beaucoup et de jouir vite, de gagner facilement de grosses sommes d'argent et de les dépenser joyeusement ; la maîtresse question est d'être un homme de bien pour arriver par un chemin plus ou moins long, mais sûr, à la récompense d'outre-tombe.

« Cette récompense, me dites-vous, dans nos ateliers, on n'y croit plus. » — Si vous n'y croyez pas, je vous plains. La croyance au ciel n'ôte pas une jouissance à l'homme de bien ; elle l'encourage, elle le console, elle est déjà un avant-

1.

goût du bonheur promis. L'homme de bien croit volontiers qu'une puissance infiniment bonne préside à l'univers, voit ses épreuves, applaudit à sa probité, à son dévouement fraternel et lui prépare dans l'avenir une large compensation.

S'il existe un être tout-puissant — et l'on n'a jamais prouvé qu'il n'existe pas, — pourquoi cet être tout-puissant ne s'accorderait-il pas la jouissance de récompenser la vertu?

Vous me répondez : « Ce sont là des considérations religieuses ; arrivons, de grâce, à des raisonnements positifs. »

Je pourrais vous démontrer que rien n'est plus positif que notre avenir d'outre-tombe ; mais j'entre dans l'ordre de considérations que vous souhaitez.

Nous ne trouvons pas même sur ce globe la somme de jouissances que l'humanité semble pouvoir facilement y recueillir. Qui faut-il accuser? Nous-mêmes ou la société?

Nous-mêmes et la société.

Sans doute il est bien commode d'accuser la société. La société, c'est tout le monde, excepté le mécontent qui l'accuse.

Prenez au hasard une douzaine des citoyens qui aboient le plus fort contre la société, et renseignez-vous sur leurs antécédents. Vous trouverez des partisans du droit au travail pratiquant régulièrement la fainéantise, des partageux bien décidés à apporter le moins possible à la masse commune et à empocher double part, des ivrognes en quantité. Vous aurez la main heureuse si vous découvrez deux ou même un seul individu d'une conduite régulière.

Or nous ne sommes pas libres de réformer la société; mais nous sommes parfaitement libres· d'en réformer une portion exiguë, mais fort intéressante, c'est à savoir notre propre individu.

L'expérience de l'amélioration de la société par l'amélioration des individus qui la composent a été faite sur une large échelle. Pour régénérer la société païenne, cette société effroyable dont l'esclavage était le pivot, le christianisme, sans toucher aux institutions, s'est adressé aux individus. Il a semblé aux prédicateurs de l'Evangile qu'en multipliant les citoyens sages et vertueux dans une nation, ils aboutiraient à former une société meilleure. Cette marche lente, mais sûre, a réussi.

Que sont les institutions sociales, j'entends les institutions solides, durables, véritablement nationales? L'expression des convictions et des sentiments de la portion la plus robuste de la nation. Si la nation renferme une majorité imposante d'hommes éclairés et honnêtes, cette nation formera une société forte, prospère et honorée. Elle aura inévitablement de bonnes lois.

Commençons donc par nous élever nous-mêmes au plus haut degré de moralité possible. Nous aurons accompli notre devoir et rendu un immense service à la société, le jour où nous lui aurons donné un parfait honnête homme.

Ce n'est pas le talent qui fait défaut dans nos sociétés modernes ; c'est la vertu.

Mais enfin, la société actuelle a-t-elle droit, de la part du travailleur, à une admiration sans mélange ? En présence de tant de scandales, de tant d'abus ; en présence de ces oisifs dont un seul, sans rien produire, consomme le fruit des sueurs de plusieurs familles ouvrières ; en présence de ces fortunes si subitement formées et si insolemment étalées ; en présence de ces roueries gouvernementales qui éclatent de temps à autre, malgré le soin qu'on prend de les cacher ; en présence de ces grands coupables qui jouissent de l'impunité et de ces pauvres hères qui vont pourrir en prison, faut-il donc que le malheureux ouvrier mette chapeau bas et déclare que tout est pour le mieux dans le meilleur des mondes ?

Non, mille fois non. — Le nœud du problème, c'est de distinguer entre la *cause de l'ordre* et les *hommes d'ordre*. Une bonne cause peut avoir de mauvais serviteurs. C'est précisément le cas de la cause de l'ordre. Parmi les hommes d'ordre, il se trouve du bon, du médiocre, du mauvais.

Des êtres vicieux, corrompus, pourris jusqu'à la moelle des os, trouvent leur intérêt au maintien de l'ordre, et en conséquence se déclarent *hommes d'ordre*.

La *cause de l'ordre* n'a pas de plus dangereux ennemis. Si tous les propriétaires, tous les capitalistes étaient humains, serviables, compatissants, la masse laborieuse comprendrait très-bien l'utilité sociale de la richesse. Si tous les pères de famille élevaient convenablement leurs enfants dans une affectueuse union avec leur compagne, le mariage serait l'objet des respects universels.

Les *hommes d'ordre* forment trois catégories :

1° Ceux qui ont le désordre dans la conscience et ne se rangent que par égoïsme dans le parti conservateur. Ce sont les mauvais.

2° Ceux qui servent la cause de l'ordre par conviction, mais mollement et incomplétement, parce qu'ils n'ont pas le courage de faire tout leur devoir. Ce sont les médiocres.

3° Ceux qui défendent la société par une pensée de respect pour la Providence et de dévouement fraternel pour leurs semblables. Ce sont les bons ; ce sont les sauveurs.

Il serait superflu d'essayer de donner le chiffre approximatif des membres de ces trois groupes. Il suffit à notre but de remarquer que la société à la défense de laquelle nous consacrons ces pages est la société telle que la conçoivent les hommes d'ordre de la troisième catégorie. Nous ne défendons pas les abus introduits par les premiers et presque toujours propagés et enracinés par les seconds. Nous plaidons la cause de l'ordre, qui est la cause de tous les honnêtes gens, bourgeois et prolétaires, fonctionnaires et administrés, patrons et ouvriers.

En dépit des abus qui doivent être combattus avec une prudente fermeté, les hommes de conscience et d'honneur qui tiennent la tête du parti de l'ordre réclament la conservation des institutions fondamentales de la société, desquelles l'*Internationale* exige la démolition. Entrons dans le détail, afin de découvrir qui a la vraie intelligence des moyens d'améliorer la condition des travailleurs. Laissons là les hommes qui passent ; envisageons les principes qui demeurent.

II. — A bas l'autorité !

Le grand ressort de la société actuelle, condamnée par l'*Internationale* à être démolie dans l'intérêt du travailleur, c'est l'*autorité*. Les rois (présidents héréditaires) et les présidents de république (faisant fonction de rois) exercent, au moyen d'une légion de ministres, préfets et autres bourgeois en habit brodé, une autorité générale qui s'étend à tout ; les juges, les généraux, les prêtres, les patrons, les simples agents de police exercent chacun une autorité spéciale et appuient en outre l'autorité générale. Bref, dans la société actuelle, un citoyen ne peut faire un pas sans se heurter à quelque autorité. Partout l'autorité enchaîne la liberté. Si donc ils veulent enfin être libres, les travailleurs n'ont qu'une ressource, démolir l'autorité. Or voici ce que les organisateurs de la *Société internationale* leur ont fait remarquer. Jusqu'à présent, l'autorité triomphait par l'*association* de ceux qui la possédaient à divers degrés. Les rois soutenaient les prêtres, les prêtres soutenaient les rois; épars sur toute la surface du pays, les travailleurs étaient esclaves. Groupés sous la bannière de l'*Internationale*, supérieurs par le nombre, par l'énergie du caractère, par la puissance physique de leurs membres vigoureux, ils ne recevront plus la loi; ils la feront à leur tour.

J'entends. Mais si j'entends bien, il ne s'agit pas de détruire l'autorité, mais de la déplacer seulement. Des mains des bourgeois vous voulez qu'elle passe à celles des prolétaires. Mais elle subsistera.

C'est qu'en effet, dans une société quelconque, l'autorité est d'une nécessité absolue.

Là où chacun suit son caprice il existe une foule, mais non pas une société.

Toute opération collective suppose l'action commune de plusieurs hommes qui peuvent ne pas avoir les mêmes pensées et les mêmes sentiments. De plus, les entreprises collectives exigent, pour être menées à fin, un temps plus ou moins long, durant lequel doit se maintenir le concert établi au commencement.

Prenons un exemple. Il s'agit d'aller en Amérique chercher cinq cent balles de coton. Au navire sur lequel sera déposée la cargaison il faut des matelots, à ces matelots un capitaine. Le capitaine doit pouvoir compter sur l'obéissance de ses matelots, et la rencontrer jusqu'à l'arrivée au port. Sans cette double condition, l'opération est impossible.

Certainement les matelots sont des hommes libres et non pas des esclaves. Mais ils ont reconnu l'autorité du capitaine ; ils doivent s'y soumettre ; si quelqu'un d'entre eux, se révoltant, expose le navire au naufrage, c'est le droit, bien plus, c'est le devoir du capitaine de le soumettre par la force, de le punir.

Sans doute : on peut abuser de l'autorité, comme de tout ici-bas. L'abus de l'autorité s'appelle *despotisme* ou *tyrannie*.

On a vu des capitaines de navire durs à leurs matelots, téméraires dans leurs commandements, capricieux dans leurs faveurs, injustes dans leurs punitions. On n'a pas cependant songé à supprimer les capitaines.

Ainsi les abus de l'autorité ne peuvent pas faire supprimer l'autorité. L'histoire de la *commune de Paris* est d'hier. La *commune* elle-même a-t-elle supprimé l'autorité ? Non. Elle l'a donnée très-libéralement à un tas d'ambitieux sortis soudainement des égouts, je veux dire des sociétés secrètes. Et ces gens-là, improvisés magistrats, généraux, commissaires de police, ont usé et abusé à cœur joie de cette autorité contre laquelle ils avaient tant déclamé. Les tyrans les plus fameux dans l'histoire n'étaient que des enfants auprès de ces despotes si prompts à fusiller l'honnête homme qui refusait de subir leur caprice et d'aller sous leurs ordres tuer des soldats français.

Quels sont donc les moyens pratiques de se garer des despotes qui foisonnent dans les républiques aussi bien et plus encore que dans les monarchies, d'éviter, dans la mesure du possible, les abus de l'autorité ? Voilà le point pratique. Confiez l'autorité à des mains *intelligentes, loyales, responsables, ayant intérêt à bien gouverner.*

A voir les noms étonnants qui sortent parfois des urnes électorales, on croirait que le premier venu est en état d'exercer l'autorité. La *commune* comptait parmi ses membres des saltimbanques, des étudiants n'ayant jamais étudié, des gens sans orthographe, des écervelés, de parfaits ignorants. De ce bois-là, l'élection faisait des magistrats, des généraux, des législateurs. Cependant, pour bien commander, que d'études sont indispensables ! Il faut connaître les hommes et les choses ; il faut avoir beaucoup lu, beaucoup observé, beaucoup pratiqué, beaucoup réfléchi. L'antiquité n'admettait au gouvernail de l'Etat que des vieillards. Dans la société régulière, l'avancement est gradué, et l'on n'arrive aux postes supérieurs qu'après avoir conquis la science et l'expérience dans les postes inférieurs. Pour être investi de l'autorité, surtout d'un degré élevé, il faut avoir fait ses études et avoir fait ses preuves. Les sociétés secrètes, elles, ont l'habitude de livrer les destinées d'un peuple à des jeunes gens, à des hommes absolument inexpérimentés. Un certain blanchisseur, improvisé ministre de l'intérieur par la *commune*, se trouva, dit-on, fort embarrassé de cette marque de confiance et s'esquiva par une porte dérobée. Notre homme avait plus de bon sens que ceux qui lui avaient placé le portefeuille sous le bras.

S'il en est ainsi, me dites-vous, les places du

gouvernement resteront le privilége des seuls bourgeois. Impossible à l'ouvrier de faire tant d'études. Le travail, le café, le sommeil se partagent chaque jour ses vingt quatre heures. Ce qu'il peut, c'est prendre dans son journal une légère teinture des affaires publiques.

Vous dites bien : une légère teinture. Demi-science, quart de science plus fatal que l'ignorance même, qui rend l'homme ingouvernable sans le rendre capable de gouverner. Eh bien, oui. On ne peut pas faire tout à coup d'un maçon un préfet, d'un lampiste un juge. Si vos ressources vous le permettent, faites faire à vos fils de fortes et solides études ; ils pourront devenir alors des autorités. Mais c'est une nécessité que les hommes qui ont eu le loisir de s'instruire remplissent dans la société les fonctions de chefs. Les sociétés secrètes, et l'*Internationale* comme les autres, ont pour chefs réels des hommes ayant pu faire des études, des bourgeois. Certains commandements, marine, génie, artillerie, construction des chemins de fer, direction des usines, exigent même une capacité hors ligne. Si vous tiriez au sort les ambassadeurs de la France en Europe, vos ambassadeurs seraient reçus par un immense éclat de rire, de Pétersbourg à Lisbonne.

Quand un homme revêtu de l'autorité est instruit, quand son intelligence a été assouplie et fortifiée par l'étude, vous avez une première chance d'être bien commandés. A quoi peut réussir un ignorant, même avec une bonne volonté sincère, sinon à tout compromettre?

A l'*instruction* le fonctionnaire public doit joindre la *loyauté*. Plus un homme a d'autorité, plus il lui est facile de mal faire et de cacher ses méfaits. L'habileté que lui donnent son esprit naturel, ses études et la pratique des affaires, il la peut dépenser à son profit personnel, au détriment de ses subordonnés. Voilà pourquoi l'homme qui a conquis une juste réputation de loyauté, de droiture, de dévouement à l'intérêt public, doit être préféré à tous ses concurrents. « *Nous sommes un gouvernement d'honnêtes gens* », disait naguère un ministre. Ce ministre était personnellement honnête ; mais il avait trop bonne opinion du gouvernement dont il était membre. Un gouvernement tout entier composé d'honnêtes gens ne s'effondre pas au premier souffle de la tempête.

Une réflexion. — Je ne suis pas partisan du suffrage universel direct. Ce système oblige quatre-vingt-quinze Français sur cent à voter pour ou contre des personnages qu'ils ne connaissent pas. Chacun est en réalité à la merci d'une commission qui se forme seule et confectionne une liste. Dans le suffrage à deux degrés, il en est autrement. Si, dans chaque commune, on élit deux ou trois notables chargés d'élire à leur tour le député du département, chacun saura bien choisir parmi les hommes instruits du lieu, notaire, médecin, propriétaire, industriel, celui dont l'honnêteté inspirera la plus juste confiance. Le mandat de ce notable sera pour lui un véritable honneur ; car il devra son élection à des vertus civiques constatées par les électeurs au milieu desquels il vit. De son côté, l'électeur primaire aura employé le plus sûr moyen d'avoir un représentant tel qu'il le souhaite.

Le jour où, parmi les candidats, la population choisira résolûment les plus honnêtes, le pays sera sauvé. Il faut en venir là, et sans retard. Toute minute perdue emporte un lambeau de la fortune publique et de l'honneur national.

Troisième condition, la *responsabilité*.

De nos jours, le droit divin est tout à fait passé de mode. Il n'est pas toutefois aussi absurde que le disent quelques-uns de ses adversaires. Si quelqu'un commande *au nom de Dieu*, celui-là est *responsable devant Dieu*.

Nos pères, rois et sujets, patrons et ouvriers, croyaient à l'existence de Dieu et à la justice de Dieu. Quelle justice? Une justice clairvoyante à laquelle rien n'échappe, non pas même la simple pensée du crime; — une justice puissante qui atteint tous les hommes, le prince en son palais comme l'ouvrier en sa cabane; — une justice éternelle qui fait expier l'abus de l'autorité par un supplice sans fin, et réserve aux tyrans des brasiers plus ardents qu'aux insurgés.

L'autorité, dit la révolution, n'est qu'*un dépôt* placé par la nation entre les mains d'un homme, qui en sera dépouillé quand il plaira à ses commettants.

L'autorité, dit le droit divin, n'est qu'*un dépôt* placé par Dieu entre les mains d'un homme, qui en sera dépouillé quand il plaira à la Providence.

Il n'est pas impossible de tromper les hommes; de détourner, avant que de quitter le commandement, de grosses sommes qu'on cache à l'étranger. Il est impossible de tromper Dieu, et devant son tribunal, à l'heure de la mort, chacun sera jugé selon ses œuvres.

Si une telle croyance n'était qu'une illusion, avouez au moins qu'elle était bien la plus salutaire des illusions. Contre la force et la ruse, elle protégeait partout la faiblesse. Les puissants voyaient briller devant leurs yeux le glaive du Tout-Puissant et tremblaient devant l'inévitable compte qu'ils lui devaient rendre un jour.

J'appelle cela une responsabilité sérieuse, la plus efficace des responsabilités. Travailleurs, si vous connaissez des hommes croyant à la justice de Dieu, il ne serait pas malavisé de les préférer comme chefs à ceux qui n'y croient pas. Sans doute ils pourront se laisser emporter par leurs passions; mais leur conscience fera entendre ses réclamations énergiques, tandis que l'homme qui ne croit à rien, n'a peur de rien dès qu'il se voit le plus fort. Avoir des chefs croyant au *jugement de Dieu*, c'est donc avoir une chance de plus d'être bien gouverné. Si vous ne connaissez pas de tels hommes, je vous plains; alors du moins préférez ceux qui ont intérêt à bien gouverner.

Ceux-là, quels sont-ils? Généralement, ce ne sont pas les étoiles filantes, les hommes sans foyer, sans enfants, sans position fixe; ce ne sont pas ces bohêmes qui vivent d'une plume

trempée dans le pétrole, flattant et flagornant
les masses pour écouler leur stock de papier
noirci. Ces gens-là sont des libertins ambitieux
et dépensiers qui, ne voulant pas travailler cou-
rageusement et désespérant d'arriver honnête-
ment, fabriquent des révolutions pour y pêcher
en eau trouble, qui un ministère, qui une re-
cette générale, qui une paire d'épaulettes à
gros grains, tous une grosse liasse de billets de
banque. J'avoue avoir connu des moines —
(cerveaux fêlés), — des curés — (aussi dé-
raisonnables), — qui menaient volontairement
la vie dure du prolétaire. La *commune* de Paris
en a tué un, l'abbé Planchat, qui d'avocat bien
logé, bien nourri et bien vêtu, était devenu,
par son libre choix, un très-pauvre prêtre, très-
mal nourri, très-mal vêtu, très-mal logé, dé-
pensant sa vie, le pauvre sot, à soulager les
ouvriers malheureux, jusqu'au moment où *la
commune* l'a emprisonné et assassiné. S'il
existe des journalistes atteints de cette folie, des
Rochefort dînant de pommes de terre, des Pyat
portant trois ans de suite le même paletot,
qu'on me montre ces amis du travailleur ! Jusqu'ici, je remarque que les journalistes cra-
moisis, pour dépeindre plus éloquemment les
misères du travailleur affamé, commencent toujours par très-bien dîner...

Non, je n'aime pas un fonctionnaire public
qui sort de sous terre comme par magie et qui,
bien convaincu que son règne ne peut être
long, commence par remplir ses poches et celles
de ses amis. J'ai la faiblesse de préférer le

fonctionnaire qui a puisé au sein d'une famille honnête des instincts d'honnêteté, l'homme que les intérêts de son honneur, de sa carrière, de ses enfants excitent à bien remplir son devoir et à mériter jusqu'au bout l'estime de ses concitoyens.

Travailleurs, parmi les personnages qui sollicitent vos votes, allez donc au plus notoirement honnête. Celui-là, très-certainement, vous fera des promesses moins retentissantes que le drôle qui veut vous exploiter. Mais celui-là, et celui-là seul, vous fera du bien. Celui-là, et celui-là seul, respectera vos droits, soutiendra vos intérêts, et se montrera, dans l'exercice de l'autorité, selon la belle parole de l'Evangile, *le serviteur de tous.*

En résumé, se passer d'autorité est impossible. Donnez l'autorité non pas au plus offrant, mais au plus digne. Hors de là, vous serez exploités, et vous l'aurez mérité.

III. — A bas la police!

Ai-je été induit en erreur par les journaux? Si je ne me trompe, la *commune parisienne* avait une police. Elle fonctionnait à l'ex-préfecture de la rue de Jérusalem, comme sous l'empire, comme sous la république de 1848, comme sous Louis-Philippe, comme sous les Bourbons. Cette police était même fort active, fort soupçonneuse et fort roide.

Dans un Etat, la police est l'œil de l'autorité.

Sous peine de gouverner au hasard, l'autorité a
besoin de tout voir; tout voir de ses propres
yeux est impossible. Elle s'arme d'un télescope;
ce télescope, c'est la police.

Si le gouvernement ne sait point ce qui se
fait, ce qui se dit, ce qui se prépare, comment
maintiendra-t-il la sécurité publique? Or le
maintien de la sécurité publique est son premier devoir et la raison même de son existence.
Nous ne payons pas nos autorités pour le plaisir
de contempler au milieu de nous quelques citoyens en brillant costume, mais pour pouvoir
travailler, aller et venir, boire, manger et dor-
mir, étudier ou nous délasser, labourer nos
champs et y recueillir la moisson, bâtir nos
maisons et nous y abriter, sans craindre les pillards, les assassins et les incendiaires.

Supprimez tous les êtres dangereux, pillards,
assassins, incendiaires; supprimez les libertins
qui ne savent pas respecter une femme honnête sur leur chemin, les ivrognes qui injurient
et frappent leurs voisins, les marchands qui
empoisonnent les denrées alimentaires, les voi-
turiers brutaux qui écrasent les vieillards et les
enfants; supprimez escrocs, tapageurs, marau-
deurs de jour et de nuit : je vous accorderai
ensuite bien volontiers la suppression des commissaires de police et des gendarmes.

Franchement, mon cher lecteur, si, comme
j'en suis convaincu, vous êtes un bon citoyen,
si vous respectez les droits d'autrui, si votre
conduite est régulière et honnête, en quoi la
police peut-elle vous gêner?

« Avec la police, on ne peut pas s'amuser. »

Vraiment! la police vous empêche de rire, de chanter, de danser, de boire, de vous promener? On ne s'en aperçoit guère. Il semblerait bien plutôt que la police a le plus souvent des yeux pour ne pas voir et des oreilles pour ne pas entendre. De temps à autre elle réprime des obscénités publiques, elle s'oppose à l'ivrognerie crapuleuse. Mais ce ne sont pas là des plaisirs de travailleurs; ce sont des plaisirs de pourceau. Ces satisfactions ignobles, on ne les cherche pas dans une nation civilisée; s'il en faut à un homme, qu'il se cache dans une étable pour les goûter.

« Avec la police, on ne peut pas conspirer. Dans les réunions qu'on croit les plus sûres; elle glisse ses mouchards qui font tout manquer. »

Vraiment! la société a l'audace de prendre des mesures de précaution contre ceux qui, nourris, instruits, logés, protégés et outillés par elle, creusent des mines pour la faire sauter?...

Mais si vous voulez attaquer la société, allez-vous-en dans les forêts vierges et les prairies incultes de l'Amérique; là, forgez vos armes, réunissez vos légions et venez en plein soleil offrir la bataille à la société.....

« Les agents de police sont brutaux. Ils frappent à tort et à travers. »

Parfois, dans une bagarre, un homme paisible reçoit une chiquenaude destinée à un tapageur. Homme paisible, je vous plains; mais

2

franchement, qu'alliez-vous faire en pareille compagnie? Le sergent de ville n'a pas le temps d'ouvrir une enquête sur la moralité de chacun de ceux qui lui barrent le passage. Allez à vos affaires; il fera plus aisément son devoir, et vous ne serez pas exposé à un coup de casse-tête. Croyez-vous que la situation de cet homme, seul ou presque seul en face d'une bande d'individus échauffés et violents, soit très-réjouissante? Pensez-vous que ce père de famille s'expose à être lui-même blessé, estropié, assassiné, pour le plaisir d'empoigner un ouvrier? Peut-être, à sa place, vous seriez un peu plus vif.

Les Anglais sont un peuple libre, et ces hommes calmes et sérieux savent comprendre l'utilité de l'*agent de police*. Ils le respectent comme le défenseur des intérêts de tous.

Qu'arrive-t-il, en effet, quand la police est affaiblie? Tous les droits individuels sont impunément violés. La sécurité disparaît, le commerce s'arrête, l'industrie languit; le mécontentement devient général, les partis se forment, la guerre civile commence, le sang coule, et quand la lutte s'achève par la reconstitution d'un gouvernement, souvent inférieur au précédent, la société a perdu plusieurs milliards et l'esprit d'union fraternelle a baissé d'un grand nombre de degrés avec la force et l'honneur de la nation.

Au total, *contre la police*, les coquins de tout calibre et les conspirateurs de toute couleur; *pour la police*, tous les hommes qui, attentifs à respecter les droits d'autrui, sont bien aises que le gouvernement fasse respecter les leurs.

Je vote pour la conservation du sergent de ville et du gendarme.

IV. — A bas la magistrature !

Aux États-Unis, en Californie, le bruit se répand-t-il qu'un individu a commis quelque notable méfait, la foule se réunit, on interroge notre homme, on crie, on se dispute, on s'échauffe, on va aux voix, et si la majorité est contraire à l'inculpé, on lui passe la corde au cou immédiatement. Tant pis pour lui si, étant innocent, il n'a pu le faire voir ! Tant pis pour lui si, méritant quelque châtiment moins rude que la potence, il n'a pas eu l'habileté de mettre en lumière les circonstances atténuantes ! Le voilà pendu. Laissez passer la justice du peuple.

C'est ce qu'on appelle la *loi du lynch*. Comme cette loi est d'une application assez rare, elle a pour supplément le revolver. Votre associé ne vous rend pas des comptes bien nets ; votre débiteur néglige de vous payer ; votre voisin laisse son bétail dévaster votre champ, vous lui faites d'abord des observations convenables. Il est sourd. Vous lui tirez un coup de revolver. Si vous l'avez manqué, il riposte, et la fusillade continue sous les yeux des passants jusqu'à épuisement des munitions ou jusqu'à blessure grave de l'un des combattants. Le blessé, le mort peut être l'offensé ; mais ceci est un détail commun à tous les genres de duel ; il est convenu qu'on se venge également en tuant ou en se faisant tuer.

Les Italiens trouvent sinon plus brave au moins beaucoup plus sûr de couper ou même de faire couper la carotide par derrière. Les sociétés secrètes de toute l'Europe ont adopté ce dernier moyen. Elles font poignarder l'individu qu'elles jugent coupable.

Ce n'est pas de cette sorte qu'une société honnête peut appliquer aux délinquants les règles d'une justice exacte.

Pour juger, il faut les mêmes qualités que pour commander ; il les faut même à un plus haut degré.

La magistrature a deux fonctions : dans les causes civiles, discerner le droit réel du droit apparent ; dans les causes criminelles, découvrir et châtier les coupables.

Discerner le droit réel du droit apparent n'est pas toujours chose aisée. On aura beau simplifier la législation, la procédure, l'administration, la science et l'expérience d'hommes spéciaux demeureront toujours nécessaires, d'autant plus nécessaires qu'après un ou deux appels il devient indispensable de subir la décision portée. Si cette décision émane d'hommes présentant peu de garanties, comment sera-t-elle acceptée par celui qui n'a pas eu l'avantage ?

Une magistrature proprement dite, un corps d'hommes voués à l'étude et à l'application des lois est donc une nécessité dans une société, dans le conflit des intérêts entre deux parties.

Cette nécessité est encore plus évidente en matière correctionnelle et criminelle.

D'audacieux écrivains peuvent soutenir qu'il n'existe ni bien ni mal, ni vice ni vertu ; que si la société a le devoir de se défendre en enfermant ou en expulsant les enragés qui mordent leurs semblables, elle n'a pas le droit de punir. La conscience universelle repousse de tels sophismes. Dans des cas particuliers, la bonne foi peut excuser quelques individus, mais il existe évidemment des criminels, et la société doit leur imposer le frein du châtiment.

Comme il importe que le châtiment ne ressemble pas à une mesure arbitraire, il est déterminé d'avance par la loi ; mais cette détermination est trop générale pour être suffisante. Qui ne voit que les circonstances aggravantes ou atténuantes varient à l'infini ?

En matière criminelle, nous avons le jury. Cette institution a des avantages et des défauts. Elle est généralement favorable au coupable. Pourvu qu'un adroit avocat fasse naître quelques doutes dans l'esprit des jurés, peu habitués aux habiletés de la chicane, le coupable échappe à tout châtiment. Du moins la présence d'un magistrat expérimenté est évidemment indispensable pour la direction des débats. Obligé à la présidence des assises, le chef du jury s'en trouverait d'ordinaire terriblement embarrassé.

En matière correctionnelle, les magistrats, les juges interrogent et appliquent la peine.

2.

« Ces juges, disent les travailleurs, sont des bourgeois. »

Ces bourgeois sont très-souvent des fils de prolétaires. L'ouvrier rangé se plaît à donner à son fils une éducation libérale.

Beaucoup de nos magistrats ont une origine toute plébéienne ; ils n'en rougissent pas, et ils font bien.

Ce sont des bourgeois. Mais dans la plupart des affaires correctionnelles, en quoi est-il question des points débattus entre la bourgeoisie et la classe ouvrière ?

Ce sont des bourgeois. Mais ils appliquent le Code. Et quels sont donc ces articles du Code qui favorisent, en matière correctionnelle, le bourgeois aux dépens de l'ouvrier ? Est-ce que tous les Français ne sont pas égaux devant la loi ?

A part quelques exceptions extrêmement rares, la magistrature française actuelle se distingue par une dignité, une droiture, une modération parfaite. Chose digne de remarque ! trop souvent l'étudiant en droit menait une vie facile, respectait peu les règles de la morale et payait peu exactement ses fournisseurs. Dans les décisions du magistrat, vous ne retrouvez plus la trace de ce passé fâcheux. C'est que la magistrature est une carrière sérieuse embrassée pour toute la vie. C'est qu'échappé aux séductions de l'existence parisienne, revêtu d'une sorte de sacerdoce, désireux de mériter l'estime de ses collègues et du public, voyant tous les yeux fixés sur lui, le magistrat sent

le poids d'une grave responsabilité et se voit
excité par les plus puissants motifs à être juste.
Il n'en serait pas ainsi d'un travailleur quit-
tant un moment l'atelier pour aller s'asseoir
à un tribunal. Tantôt, indulgent jusqu'à la faiblesse, il briserait jusqu'à la barrière qui arrête le débordement du vice; tantôt, passionné
et irrité, il exagérerait la répression. Le moins
qu'on puisse dire des tribunaux de rencontre
formés par des ouvriers devenus tout à coup
magistrats, c'est qu'à la place du calme qu'exige
l'administration de la justice on y a trouvé la
passion; ce sont de tels tribunaux qui con-
damnent en un jour plus d'innocents à la mort
que les tribunaux réguliers n'ont pu le faire, —
s'ils l'ont fait, — en un siècle entier.

Le ministère public ne peut pas plus être
aboli que les juges. A moins qu'on ne prétende
revenir au système antique de la dénonciation,
aussi répugnant qu'insuffisant, il faut que la
société, par l'organe de son *procureur*, recher-
che les criminels et les accuse devant les juges.
Procureur royal, procureur impérial, procureur
de la république, procureur de la commune, ce
personnage se trouve partout, et la société, en
le supprimant, neuf fois sur dix supprimerait la
justice.

« On a vu des arrêts injustes; on a connu des
magistrats prévaricateurs... »

Ah! sans doute! Mais on a vu des travailleurs
paresseux, violents, crapuleux. Faut-il supprimer le travail? Quand donc en finirons-nous
avec cette stupide manière de voir, qui réclame

la destruction de toutes les choses dont quelques personnes usent mal? Finissez-en d'un coup, grands réformateurs! supprimez le genre humain; c'est l'unique moyen de mettre un terme à tous les abus.

V. — A bas la peine de mort!

« *Commencez, messieurs les assassins!* » disait Alphonse Karr.

Dans les sociétés païennes, anciennes et modernes, la vie humaine est considérée comme objet de très-mince valeur. Aussi leur justice ne se borne-t-elle jamais à faire mourir un coupable; elle lui inflige un genre de mort aussi douloureux que possible.

Dans les sociétés chrétiennes elles-mêmes, en présence des passions sauvages qu'il fallait dompter, les législateurs ont cru longtemps encore nécessaire d'effrayer, par la perspective du supplice, des scélérats audacieux qui méprisaient et les fers, et l'exil, et la mort. La peine de mort était d'ailleurs d'une application fréquente; on la faisait subir pour des fautes qui à nos yeux ne méritent pas un si terrible châtiment. Le vol, par exemple, menait à la potence.

De nos jours, si l'on excepte le code militaire, que d'impérieuses nécessités obligent à plus de rigueur, la peine de mort n'est appliquée qu'à ceux qui attentent à la vie de leurs semblables. Encore avec quelle modération, disons-le, avec quelle mollesse la loi est-elle appliquée! On trouve des jurys pour absoudre des parricides. Oui, nous avons vu, et plus d'une fois, des bêtes féroces à figure humaine paraître devant le jury, couvertes du sang d'un père tué de sang-froid et avec préméditation. Le jury trouvait des circonstances atténuantes !!! Et voilà qu'à la nouvelle de ces prodigieux verdicts, d'autres scélérats, tout prêts à répandre à leur tour le sang humain pour s'emparer d'un peu d'or, se disaient joyeusement : « On ne tue plus. On ne dresse plus l'échafaud. On ne tue plus ; nous pouvons tuer. »

Regardez bien ceux qui réclament à grands cris l'abolition de la peine de mort. Si vous exceptez un très-petit nombre de philosophes candides, ce sont les chefs, les affidés des sociétés secrètes. Or, dans les sociétés secrètes, on s'adjuge le droit de tuer à discrétion ; il est vrai qu'on ne tue pas des assassins, mais seulement des gens qui n'ont d'autre tort que de ne plus admettre les opinions et les ordres tyranniques des sociétés secrètes.

Qu'on n'oublie pas les fusillades de la *commune!* Ces hideux massacres n'ont pas été l'œuvre accidentelle de quelques bandits. C'était bien la *commune* qui avait mis sous les verrous l'archevêque de Paris, le président Bonjean, les prêtres, les soldats, les civils dont le sang a coulé. La *commune* avait déclaré qu'elle se croyait le droit de les tuer et qu'elle les tuerait le cas échéant. Les simples communards n'ont point protesté contre la barbarie des chefs ; après le massacre, la *commune de Paris* n'a pas moins reçu les félicitations des comités directeurs de l'*Internationale* à l'étranger.

Oui, à la vue de ce sang versé, nulle énergique protestation ne s'est élevée dans les rangs de l'*Internationale*. Si la *commune* parisienne avait triomphé, les assassins de la Roquette auraient été faits chevaliers de la Légion d'honneur, aux applaudissements de plusieurs millions de frères...

Voilà les hommes qui jettent des cris d'aigle quand on guillotine un meurtrier ou quand on fusille un incendiaire.

Leur véritable pensée, la voici :

Sous prétexte de politique, ou pour tout autre motif personnel, il est loisible d'assassiner dans la rue, de lancer des bombes qui tuent vingt passants d'un coup, de mettre le feu à des caves pleines de malheureux, d'ourdir des insurrections qui coûtent la vie à des milliers d'honnêtes gens ; mais à cette autorisation de tuer et de faire tuer il doit exister une restriction : «La vie des assassins est chose sacrée... »
O pleurards hypocrites !

VI. — A bas l'armée!

L'*Internationale* n'aime pas l'armée.

Pourquoi ?

L'armée n'est-elle pas un groupe de citoyens pris dans toutes les classes de la société, mais surtout dans celle des travailleurs, la plus nombreuse et la plus apte au maniement du fusil et aux fatigues de la guerre ?

L'armée n'est-elle pas une indispensable nécessité dans notre pays, en face d'un voisin dont nous connaissons, hélas! par expérience, la force et la rapacité?

Mais l'armée soutient la police, et derrière le gendarme se montre le soldat.

A la bonne heure! soyons franc. Le vrai grief, le voilà! Avec une armée, avec quelque cent mille hommes disciplinés, les insurrections aboutissent tôt ou tard à d'humiliantes défaites. Quand la société secrète a formé dans l'ombre ses nombreux bataillons et se dispose à écraser la police, qui est plutôt une surveillance qu'une force, le bras défend l'œil, comme l'œil veillait sur le corps tout entier. L'armée se lève. Elle accomplit à regret, mais avec abnégation, son pénible devoir. Un soldat tombe au pied de la barricade; un second lui succède, puis un troisième, et le soldat se dévoue toujours, jusqu'au moment où l'ordre est rétabli et la société sauvée.

Cet admirable dévouement du soldat est l'éclatante condamnation de l'*Internationale*.

A entendre les orateurs des clubs, tout ouvrier en blouse est un sage et cache sous sa casquette la cervelle d'un ministre; quant au soldat — qui a reçu la même éducation que l'ouvrier — sauf le cas où il déserte, il n'est qu'un sot.

Eh bien, le soldat est un citoyen français tout aussi intelligent que l'ouvrier. Il n'est pas tellement renfermé dans la caserne qu'il ne sache ce qui se passe. Il ne va pas se battre par goût, mais par devoir, et quand il se bat avec l'énergie, avec le généreux enthousiasme qu'il a montré dans la lutte contre la *commune de Paris*, c'est le prolétaire honnête homme qui, à la face des scélérats et des égarés qui assassinent la France, sous les yeux du Prussien satisfait, jette à tous les échos de l'Europe la plus ferme et la plus courageuse des protestations, une protestation signée de son sang.

Reposez en paix, généreux fils du peuple qui, dans les rues de Paris, avez sauvé, avec la société entière, l'honneur de la classe laborieuse! Echauffés, entraînés, séduits par d'abominables exploiteurs, de malheureux prolétaires ont voulu courir à la fortune en ruinant la France, et ils ont exécuté tous les forfaits qui leur étaient suggérés par des scélérats de sang-froid. Mais ce sont aussi des prolétaires qui ont éteint la flamme, reconquis les canons et sauvé les derniers débris de la fortune de la France.

Reposez en paix, ô soldats! La mort n'est pas un sommeil éternel. Dieu accepte le plus beau des sacrifices, celui de la vie; mais Dieu le récompense. Les sourires moqueurs d'une impiété ignorante ne détruisent pas le ciel. Soldats martyrs, nous nous reverrons!

Rendons justice cependant aux efforts de l'*Internationale* pour se débarrasser de l'armée. Ce n'est pas elle qui a appelé les Prussiens, mais c'est bien elle qui leur a donné la victoire. Elle n'a pas provoqué nos désastres, mais elle en a profité sans pudeur. En province, nous

avons vu le trop fameux général international
Garibaldi, venu en France à la tête de hordes
indisciplinées et pillardes, non pour combattre
les Prussiens, devant lesquels il a toujours fui
avec la même agilité qu'à Mentana, mais pour
faire les affaires du socialisme cosmopolite;
nous avons vu Garibaldi désorganiser la défense de l'est et déconcerter les plans de ce
brave et malheureux Bourbaki, alors notre dernière espérance. A Paris, en face de l'ennemi,
les communards buvaient, hurlaient, troublaient
l'ordre, et volaient, pour tuer plus tard des
Français, les canons qu'ils devaient braquer
contre les Prussiens. Et pendant ce temps-là,
le cercle de feu qui aurait pu être brisé se res-
serrait toujours...

Oui, nous avons été sur le point de contempler le magnifique spectacle d'une nation sur-
prise, écrasée sous une avalanche d'ennemis,
et pourtant victorieuse. Autour d'un petit noyau
de glorieux échappés de Sedan, autour de
quelques vieux régiments étaient accourus de
jeunes Français qui, de leur vie, n'avaient
manié un chassepot. N'importe, ils ont osé
aborder de front douze cent mille Prussiens.
Ils en ont couché en nombre effrayant sur tous
les champs de bataille. Ils marchaient mal vêtus,
mal nourris, dans la boue, dans la neige, sans se
plaindre, et, sauf quelques paniques bien con-
cevables en présence des innombrables canons
prussiens, ils se battaient bien. Si la France
eût été alors gouvernée par un de nos vaillants
généraux, par un Français libre de tout enga-

gement avec les sociétés secrètes, et ne songeant à autre chose qu'à repousser l'ennemi, la lutte se terminait par le triomphe ou par une paix honorable. Mais l'*Internationale* était là, paralysant la défense et préparant la guerre civile. Les internationaux n'ont pas été fâchés d'assister de loin à la destruction de l'armée française.

Il en a coûté au pays deux provinces, une dizaine de milliards, une perte d'hommes effroyable, enfin la triste paix que chacun sait. Mais ces citoyens, pour lesquels le patriotisme n'est qu'un mot creux, se sont consolés des malheurs de la France en se disant les uns aux autres : « L'armée n'est plus ! Hâtons-nous ! voici l'heure de tuer, de piller, d'incendier. »

Ils n'ont pas perdu de temps assurément ! Ils n'ont pas eu la pudeur d'attendre le départ de l'Allemand. Mais voilà que tout à coup l'armée française, sans attendre que ses blessures fussent guéries, s'est levée et les a sabrés.

Honneur à l'armée ! tous les honnêtes gens la saluent. Ne prétendez pas la détruire ; il faut la consolider. A mesure que le nombre des assaillants de la société grandit, la société doit multiplier les mesures de défense. Sans l'armée, le pétrole faisait dans toutes nos cités l'œuvre épouvantable qu'il a accomplie à Paris, et la France verrait aujourd'hui des jours plus sanglants que les jours de 93 ! Car on a persuadé aux affolés de l'*Internationale* qu'ils allaient s'enrichir en ruinant la patrie, et trouver des trésors dans les cendres de ses monuments !

VII. — A bas le drapeau!

Si haut que nous remontions dans l'histoire, parmi les divers modes d'association qui peuvent réunir les hommes, nous en remarquons deux qui semblent inhérents à la nature humaine, tant ils sont universels : la *famille*, la *nation*. Partout le foyer domestique, un père, une mère, des enfants. Partout un État, une législation commune, un gouvernement accepté sur toute l'étendue du territoire, une patrie, un drapeau.

L'Évangile a formulé la loi de la fraternité universelle dans une maxime d'une sagesse profonde: *Aime ton prochain*, c'est-à-dire l'homme qui se trouve près de toi et à qui tu peux rendre des services. Aime ceux qui s'assoient avec toi au foyer de la famille ; aime ceux qui travaillent dans ton atelier, ceux qui habitent ton village ou ta cité ; aime ceux qui forment avec toi une même famille politique. Les étrangers ne doivent pas être exclus ; mais ils sont loin de toi, et tu désirerais en vain leur être utile. Fais donc le bien dans la sphère où la pratique de la fraternité est possible pour toi.

Sauf exception, la patrie est un champ assez vaste pour l'application de la loi de la fraternité. Si l'on a le bonheur de pouvoir faire davantage, il faut du moins commencer par là.

La nation est une grande famille formée lentement par les siècles. Le drapeau est le symbole de la patrie, dont il porte l'honneur dans ses plis. Nul individu, nul groupe d'hommes n'a le droit de le changer pour un autre.

Voilà pourtant ce qu'ont fait, ce que veulent faire encore les affiliés de l'*Internationale*. Ils ont déchiré, traîné dans la boue ce drapeau français que l'étranger lui-même ne touche qu'avec respect, et ils ont mis à la place... la guenille *rouge*.

Ce que veut dire la guenille écarlate, sa couleur le montre assez, et la franc-maçonnerie nous l'expliquera si nous le souhaitons.

« La couleur *rouge*, dit-elle, est celle du sang, des passions et des spasmes de la destruction de l'ancien corps par le jeune corps qui vit en lui et par lui. »

Ce jeune corps (nous le verrons dans la seconde partie de ce travail), n'est pas viable, et s'il pouvait en naissant tuer sa mère, il périrait aussitôt avec elle.

Mais nous sommes avertis. Le *drapeau rouge* est le signe du carnage, et c'est en tuant ceux qui ne voudront pas croire à la transformation totale de la société que le jeune corps — le corps des travailleurs associés de l'*Internationale* — prétend arriver à vivre. Il n'y aura plus de condamnation judiciaire à l'échafaud ; mais l'*Internationale* expropriera les vies humaines pour cause d'utilité particulière de ses affiliés.

Il le faudra bien, puisque les bourgeois, les travailleurs aisés en train de devenir bourgeois, et même beaucoup de travailleurs pauvres s'obstineront à ne pas admettre la refonte de la société conformément au programme international.

Au milieu de cette lutte épouvantable dans laquelle l'*Internationale* — si elle triomphe — ne triomphera que sur des monceaux de cadavres, que deviendra la patrie française ?

« Gens naïfs, il n'existe point de patrie française. Les anciens disaient qu'il faut aimer tous les hommes, mais principalement ses concitoyens. Vieille absurdité ! Il faut — nous vous le disons tout bas, — il faut, en faisant sonner bien haut la fraternité, la fraternité universelle, n'aimer que nous-mêmes, et nous associer avec ceux qui ont les mêmes intérêts que nous. Or quels sont les hommes qui ont les mêmes intérêts que les travailleurs de Paris ou de Rouen ? Sont-ce les bourgeois de la capitale, les bourgeois de la Normandie ? Non ! ce sont les prolétaires de Londres, de Pétersbourg, de Berlin. »

Messieurs de l'*Internationale*, je suis naïf en effet ; car dans l'industrie étrangère j'aurais vu plutôt une concurrence au travail français. Je me serais figuré que bourgeois et ouvriers d'Allemagne ont été assez d'accord pour désorganiser le commerce français et faire chômer nos usines au profit des usines d'outre-Rhin.

Je suis naïf. Il me semble que si bourgeois français et ouvriers français vivent en bonne harmonie, ceux-ci apportant de bon cœur leurs lumières et leurs capitaux, ceux-là donnant vaillamment le travail de leurs bras, nous arriverons plus sûrement à être forts, respectés et en progrès vers un accroissement d'aisance, aussi rapide qu'il se peut quand il s'agit de plusieurs millions de citoyens.

Très-mince a été jusqu'ici le concours des frères et amis de l'étranger. Ils ont envoyé de Londres et d'ailleurs quelques centaines de livres sterling pour prolonger des grèves durant lesquelles ils écoulaient leur trop-plein de marchandises. Ils ont jeté sur le pavé de Paris quelques centaines de médiocres héros, qui ont aidé les communeux à se faire tuer, mais qui ont peu sacrifié leur précieuse existence. Rien n'est plus problématique que le dévouement de l'ouvrier étranger aux intérêts du travailleur français.

Insulteurs du drapeau national, si la voix de l'honneur est étouffée par les sophismes d'un journalisme cosmopolite; si la patrie, à laquelle vous devez tout, n'est plus rien dans vos affections; si le nom de Français n'éveille plus un écho dans votre cœur, tâchez du moins de comprendre ceci :

Le travailleur étranger ne vous donnera pas cette assistance de tous les jours que vous recevez de vos concitoyens; en reniant la France, en oubliant vos aïeux, en criant : « Patrie, tu n'es pas ! » vous n'êtes pas seulement des ingrats, vous êtes de parfaits imbéciles.

Le *drapeau rouge* est le drapeau de la division, et par conséquent le drapeau de la misère publique. S'il remplaçait le drapeau de la France, après une orgie sur les cadavres des défenseurs de l'ordre, on vous verrait vous-mêmes, vaincus par l'ivrognerie, le libertinage et la paresse, mourir de faim au milieu des ruines que vous auriez faites.

Arrière la guenille rouge ! Saluons le drapeau

de la patrie ! Lui seul, au jour où nous l'aurons mérité de la Providence par nos vertus, verra fuir devant nos bataillons les ennemis de la France, déconcertés et tremblants !

VIII. — A bas la propriété! A bas le capital!

L'abolition de la *propriété,* du *capital* (qui est la propriété sous une forme spéciale), aurait une conséquence des plus heureuses ; on ne trouverait plus de voleurs. Peut-être cependant donnerait-on ce nom, par suite d'une vieille habitude, aux gens qui s'adjugeraient adroitement une plus grosse part de la masse commune, ce qui arriverait d'autant plus inévitablement que dans la république des partageux les parts individuelles seraient extrêmement exiguës, les appétits extrêmement robustes et les consciences extrêmement accommodantes.

Mais cette abolition aurait quelques autres conséquences. Ceux qui la réclament divisent le genre humain en deux catégories : *oisifs* et *travailleurs.* Voici une autre classification au moins aussi exacte : *laborieux* et *paresseux.* Les premiers produisent plus que les seconds ; c'est de toute évidence. Mais, comme ils produisent plus parce qu'ils se gênent plus ; comme ils produisent plus parce qu'ils sont plus assidus, plus courageux, plus rangés, ils se croient le droit de jouir du fruit de leurs efforts, et refusent positivement d'en faire cadeau aux paresseux.

C'est dire que les hommes laborieux ne sont

point, ne seront jamais partageux. Le partage ne sourit qu'aux viveurs qui voudraient beaucoup jouir et très-peu se gêner.

Les partageux paraissent croire que les vêtements, les aliments, les logements jaillissent du sol comme l'herbe pousse dans les prairies. Sauf d'insignifiantes exceptions, toute portion de matière utile à l'homme est une matière transformée par le travail. Si le travailleur a mis son intelligence, son temps, son activité dans cette portion de matière, il garde ses droits sur l'objet, qui n'est devenu utile, qui n'a acquis une valeur que par son effort.

Un poisson dans la mer n'est pas à tout le monde ; il n'est encore à personne. Si je le pêche, il est à moi ; si, m'obstinant dans mon labeur, j'en pêche un second, un troisième, un centième, le dernier est à moi comme le premier.

Chacun de ces poissons étant à moi, je puis les manger, les échanger, les donner et même les rejeter dans la mer. En tout ceci, je ne fais aucun tort à mon voisin, qui n'a pas voulu pêcher ou qui n'a pas été heureux à la pêche. Je suis riche ; il est pauvre. Nos situations sont sans doute fort inégales. Je ferai un acte très-louable de fraternité en lui donnant ou en lui prêtant une partie de mon butin. Il se peut même que le père de la famille humaine me commande, sous peine de son indignation et de ses châtiments, d'aider mon frère de mon superflu. Mais je tiens à constater que celui-ci n'a aucun droit sur mes poissons petits ou gros. Si je les lui donne, il pourra jouir sans avoir travaillé ; il sera dans la situation de ceux qui reçoivent de leurs pères une fortune toute faite. S'il profite de ma générosité pour mener une vie oisive, Dieu pourra le punir ; mais il ne blessera le droit d'aucun de ses semblables et aucun ne pourra le dépouiller de ce que je lui aurai donné.

Le travail personnel ou le don, voilà l'origine inattaquable de la propriété.

Qu'il existe des voleurs, des propriétés usurpées, je l'accorde. Mais le vol, comme tout autre crime, ne se suppose pas ; il doit être prouvé. S'il est prouvé, toutes les sociétés régulières le punissent. Elles ne le punissent, je l'accorde, que dans la mesure du possible. Rien ne peut être parfait dans un corps dont les membres sont tous plus ou moins imparfaits. Mais elles le punissent.

On a beau dire et beau faire, généralement le travail est chose répugnante. Du jour où la société cesserait de garantir à chacun la jouissance du fruit de son travail, c'est-à-dire la propriété, vous n'auriez plus de travailleurs. Si, pressée par la famine, l'association des travailleurs, devenue l'association des paresseux, établissait un gouvernement assez fort pour contraindre les individus au travail, vous n'obtiendriez qu'un travail forcé, un travail d'esclaves, un travail presque nul.

Le véritable progrès ne consiste donc pas à supprimer la propriété, mais tout au contraire à augmenter le nombre des propriétaires.

Tout travail ne fait pas des propriétaires,

mais seulement le travail suivi de l'épargne, le
travail enfantant le capital. C'est donc l'épargne
et la sagesse, mère de l'épargne, qui président
au progrès des familles laborieuses.

Combien de prolétaires seraient aujourd'hui
propriétaires et capitalistes, s'ils l'avaient voulu!
Mais à mesure que leurs gains sont devenus plus
considérables, ils ont augmenté proportionnel-
lement leurs dépenses. On ne peut cependant
s'enrichir que par le don ou l'épargne. Celui à
qui personne ne donne doit nécessairement
épargner ou bien rester prolétaire. Prolétaire,
il est dans la situation des premiers habitants
du globe et même dans une situation *beaucoup
meilleure,* car il bénéficie de tous les progrès
généraux accomplis par la civilisation. La société lui fait des routes; elle l'éclaire dans les
rues pendant la nuit; elle le protége dans la
sécurité de son travail; elle le défend par sa
magistrature contre le patron qui lui voudrait
retenir son salaire; elle lui fournit, au moyen
du commerce, la facilité d'échanger immédiatement ce salaire contre les objets qui lui sont
nécessaires. Bien que le sol soit partout occupé
dans nos Etats civilisés, le prolétaire y trouve
mille fois plus de facilités pour se procurer l'u-
tile et même l'agréable que dans les déserts
inhabités où le sol est au premier qui a les ressources nécessaires pour se l'approprier, par un
défrichement qui est une rude besogne.

Si le prolétaire voit autour de lui des riches,
il peut ressentir intérieurement quelque pensée
de jalousie. Cette pensée est même très-natu-

relle à quiconque oublie ou méconnaît les ma-
gnifiques compensations de la vie future. Mais,
jaloux ou résignés, nous n'avons pas plus droit
au bien du voisin qu'à la taille plus élevée, à
l'intelligence plus développée, à la voix plus
harmonieuse ou au bras plus vigoureux de tel
ou tel de nos semblables.

Je le sais ; les citoyens qui convoitent le bien
d'autrui exhibent un système assez ingénieux
pour tromper les esprits peu attentifs. Ils font
de l'Etat un propriétaire universel; après quoi
ils somment ledit Etat de partager plus équita-
blement les grands biens qu'il possède.

Hélas ! l'Etat par lui-même ne possède rien.
S'il a reçu quelques cadeaux, tant mieux pour
les contribuables ! Mais l'Etat est un respectable
mendiant qui vit chaque année de cette aumône
obligatoire qui s'appelle l'impôt. On nomme
Etat la somme des intérêts communs des membres d'une nation. Pour gérer ces intérêts
communs, il faut évidemment une forte somme
d'argent. De là, pour les citoyens, l'impérieux
devoir de contribuer aux frais de gestion des
intérêts communs. Nous sommes obligés à sol-
der les dépenses de l'Etat, comme des enfants
seraient obligés de nourrir un père infirme et
sans fortune. Mais la propriété appartient à
chaque propriétaire, le capital à chaque capitaliste. Aussi, quand l'Etat, pour cause d'utilité
publique, exige d'un citoyen la cession de sa
propriété, l'Etat lui en doit et lui en fournit
effectivement l'équivalent.

Les chefs de l'Etat ne doivent réclamer l'impôt que dans la mesure réelle des besoins communs, au nombre desquels on range justement les récompenses accordées aux services rendus et quelques secours envoyés aux nécessiteux dans des conjonctures pressantes. Dès lors l'Etat n'a jamais de superflu, et ne peut faire des distributions gratuites sans voler le contribuable.

Tout ce qu'on peut dire en faveur de l'Etat propriétaire, c'est que les biens abandonnés, les épaves de la propriété, n'appartenant à personne, doivent être consacrés par lui aux besoins généraux ; mais c'est là une ressource si minime qu'il ne faut pas la compter.

Un mot sur le *capital*. — Par une coïncidence qui n'est pas fortuite, de même que parmi les hommes l'union fait la force, de telle sorte que trois travailleurs qui s'entendent peuvent produire deux fois, quatre fois plus que trois travailleurs isolés, de même le travail accumulé acquiert une valeur nouvelle. Avec une somme de cent mille francs, un industriel intelligent obtiendra des résultats que vingt autres industriels n'ayant que cinq mille francs chacun n'auraient pas même pu essayer d'atteindre. Avec une machine d'une valeur de mille francs, je confectionnerai en huit jours plus de bas de laine qu'une tricoteuse ne le ferait avec ses aiguilles en un an. C'est pourquoi on nomme le produit du travail épargné et accumulé, *principe de production* ou capital. La connaissance de cette loi de la production est bien faite pour stimuler le travailleur à l'épargne. Dans le chemin de l'aisance, les premiers pas sont d'ordinaire fort pénibles; mais à mesure que l'on avance, la route s'aplanit.

Sauf d'insignifiantes exceptions, les travaux industriels exigent le concours du capital et de la main-d'œuvre. Dès lors, la part du bénéfice afférente au capital revient nécessairement au capitaliste, comme la part de la main-d'œuvre à l'ouvrier. Si vous le niez, le capitaliste rompra une association désavantageuse pour lui. C'est son droit; il est parfaitement libre, puisque le capital est sa propriété. Il cherchera à ce capital une autre application, et vous, travailleurs qui ne pouvez produire sans l'aide du capital, vous pâtirez le premier de votre exigence déraisonnable. Car le capital est une *réserve* avec laquelle le capitaliste, tout en souffrant, peut attendre, tandis que vous, vous avez besoin d'employer vos bras tous les jours.

Vous déciderez-vous à prendre le capital de vive force? Vous violerez la justice, et vous la violerez sans succès. Le capital sait toujours se cacher à l'approche du danger. C'est un bonheur pour tous. S'il était jamais possible à une insurrection de mettre la main sur tous les capitaux du pays, en quelques semaines les insurgés les auraient gaspillés. Après ce bel exploit, il ne resterait plus aux habitants de ce pays, pour ne pas périr de faim, qu'à se faire les hommes de peine des capitalistes étrangers devenus maîtres de leurs usines. Nous serions une nation de quarante millions d'indigents, aptes à devenir des coolies pour les industriels des deux mondes!...

Merveilleuse perspective en vérité! Ou bien les prôneurs de l'abolition du capital sont d'une ignorance crasse des lois de la prospérité publique, ou bien ils comptent fermement, au jour où ils porteront dans les caisses de l'Etat les capitaux des particuliers, s'adjuger un fort *droit de commission*. La manière dont les gros personnages de *la commune* ont géré les finances et les belles sommes trouvées sur quelques-unes d'entre eux me font pencher pour la seconde supposition.

IX. — A bas le mariage!

« Jusqu'au jour du mariage, l'ouvrier mène joyeuse vie. Il s'installe où bon lui semble, à Marseille, à Lyon, à Paris. Rien ne l'enchaîne. Il noue son léger bagage au bout d'un bâton et s'achemine vers la résidence où l'appellent soit le travail, soit le plaisir. Si son porte-monnaie est souvent peu garni, du moins il ne doit de compte à personne. Si, le lundi soir, la paye du samedi a complétement disparu, c'est son affaire. S'il fait quelque sottise, personne n'a de reproches à lui adresser. A-t-il besoin d'une main adroite pour blanchir et raccommoder ses vêtements, il trouve sans difficulté une maîtresse. On s'associe; dès qu'on ne se convient plus, on se quitte: on ne se doit rien l'un à l'autre. Il ne manque à l'ouvrier garçon qu'un salaire un peu plus fort pour être l'homme le plus heureux du monde.

« A peine est-il établi, tout change. Plus de liberté. Il faut se ranger. La femme met la main sur la paye, sinon elle se fâche. Il faut payer le loyer, payer le boulanger, payer l'épicier, payer les mois de nourrice, payer la toilette de madame, payer les vêtements des enfants. Si l'on fait une partie avec des camarades, on est grondé; si l'on rentre un peu échauffé, c'est une tempête. Faut-il donc être condamné à traîner ce boulet à perpétuité? George Sand a bien fait d'appeler le mariage la plus détestable des institutions du passé, et l'*Internationale* a bien raison de promettre, sous le règne des travailleurs, l'abolition du mariage. » Ainsi l'on raisonne au cabaret.

Le mariage est un joug, sans aucun doute; mais que gagnerait l'humanité, que gagnerait en particulier le prolétaire à le briser?

Examinons ceci au point de vue de *l'enfant*, de la *femme* et du *travailleur* lui-même.

Si le mariage est aboli, qui élèvera l'enfant? L'Etat, me dites-vous. Triste éducation! Là-dessus, l'expérience est faite. L'Etat élève quelques milliers de malheureux bâtards. Ces infortunés sont l'objet d'un dévouement sincère de la part de ces religieuses que vous comptez bien chasser de la société nouvelle. Que deviennent-ils? Une fois au milieu de leurs semblables, comme des arbres sans racines, ils se laissent emporter à tous les souffles des mauvaises passions. Les bagnes en sont tout remplis. L'enfant de la race humaine s'élève plus malaisément que le petit de l'animal. Son éducation morale et physique exige une somme énorme d'abnégation. Supprimez le mariage, et les enfants de la patrie, élevés sans amour, ne formeront plus qu'une affreuse troupe de crétins ahuris, souffreteux, corrompus, pourris. Vous ne savez donc point que l'instruction et l'éducation sont choses absolument distinctes? L'instruction peut être donnée à une légion d'enfants par un maître qui ne les aime pas et ne leur fait la classe que pour toucher son traitement. L'éducation exige une vive tendresse et le bon exemple de tous les jours. L'éducation réclame une surveillance attentive, une étude sérieuse du caractère de chaque enfant, une distribution judicieuse des encouragements et des châtiments. Parmi ces hommes qui auront refusé d'être pères de deux ou trois enfants, leur propre sang, parce qu'ils n'auront pas voulu accepter les assujettissements du mariage, où trouverez-vous les éducateurs de centaines d'enfants inconnus?

Elle arriverait bien vite, la réalisation sur une grande échelle du monstrueux système d'anciens utopistes, précurseurs des utopistes modernes : « *Plus d'enfants!* les enfants sont un embarras! Jouissons, et après nous la fin du monde! »

Seul le mariage assure l'éducation et l'avenir de l'enfant. *Tel père, tel fils*, dit la sagesse des nations. Il faut être véritablement époux pour être véritablement père.

L'instinct et la raison disent que la femme est la compagne de l'homme. Les exceptions elles-mêmes confirment la règle. Si la femme non mariée n'est pas établie, comme le prêtre, dans une sphère supérieure aux intérêts terrestres, elle gémit d'ordinaire dans une situation mal définie et pénible, supportable seulement dans les sociétés chrétiennes, où le respect pour la femme a jeté des racines profondes.

La femme — je parle de la femme honnête — ne désire pas être indépendante; elle désire être efficacement protégée. Or c'est ce que le mariage lui procure dans les limites du possible. Elle se donne avec toutes les grâces de la jeunesse; elle ne s'épargne pas; elle travaille, s'il le faut, jour et nuit pour que son époux jouisse d'un intérieur agréable, pour que leurs enfants, bien élevés, consolent un jour la vieillesse d'un père; mais elle sait qu'elle ne sera pas abandonnée, qu'elle gardera toujours l'estime et l'affection de son époux, et pourra s'appuyer sur son bras et sur son cœur jusqu'au moment où la mort viendra les séparer.

Supprimez le mariage; l'homme ne voit dans la femme qu'un passager instrument de plaisir, dont il use et qu'il méprise. La femme, à son tour, sachant la position précaire qui l'attend, spécule sur ses charmes. Ce n'est plus qu'une gourgandine dont les actions baissent à mesure que ses années s'accumulent : elle commence par se donner au plus riche; elle finit dans la boue du ruisseau.

Père de famille qui lisez ces pages, est-ce là ce que vous souhaitez pour votre fille?

Je n'ai pas tout dit cependant. Il est d'expérience que la femme, une fois sortie des conditions d'existence que lui crée la famille, se laisse emporter aux passions les plus violentes. Les femmes libres d'aujourd'hui gardent une trace de l'éducation reçue dans la famille; les femmes libres dès l'enfance et dégagées de tout souvenir de famille deviendraient de hideuses mégères qui ne pourraient être disciplinées que par la force. Toutes les sociétés qui n'ont pas le mariage tiennent la femme dans l'esclavage. C'est une nécessité, et le triomphe des doctrines de l'*Internationale* ramènerait là. Si la *commune* de Paris avait réussi, les fédérés n'auraient eu dans leur ménage la paix avec les pétroleuses leurs maîtresses qu'au moyen de la cravache. Ouvrières que l'*Internationale* veut entraîner, est-ce là l'agréable avenir que vous rêvez?

Adressons-nous enfin au travailleur lui-même. Frère, quelles que soient vos idées sur la vie future, vous n'estimez pas, je pense, que sur ce globe, le vrai bonheur et le vrai progrès consistent à s'abrutir le plus rapidement possible. L'homme abruti est à la fois incapable de faire le bien et incapable de jouir. Ses sens émoussés ne peuvent plus même goûter les plaisirs grossiers auxquels il a tout sacrifié; des maladies honteuses, cruelles, implacables, le conduisent avant l'heure au cimetière. S'il existe un tribunal au delà du tombeau; l'homme abruti y sera sévèrement puni; si tout se termine ici-bas, il aura bien peu joui. L'abrutissement n'est bon ni pour ce monde ni pour l'autre.

Cherchez maintenant quels sentiments peuvent triompher, dans le cœur de l'ouvrier, des instincts qui mènent à l'abrutissement. Il en existe deux : le sentiment religieux et le sentiment de la famille. Le premier, vous le savez, est éteint dans un grand nombre de travailleurs. Il ne reste plus que le second, et vous voulez le détruire !

Grâce au mariage, après des folies plus ou moins déplorables, l'ouvrier se range. Il devient plus laborieux, il tâche de se corriger de l'ivrognerie ; il réfléchit avant d'aller chercher dans les temples de la débauche la ruine, la maladie et la mort. Des affections pures, sa tendresse pour une compagne qu'il estime, son dévouement pour ses enfants le relèvent. Jusque-là il ne connaissait que les jouissances palpables, qui sont chères et souvent funestes ; à présent, il connaît des joies meilleures et qui n'appauvrissent pas celui qui les goûte. Un sourire de celle qu'il rend heureuse, une caresse de son enfant lui donnent plus de bonheur que jadis il n'en trouvait dans toute une nuit d'orgie.

Le libertinage, ô travailleurs, est une denrée de luxe. D'ailleurs, après y avoir jeté toutes ses ressources, on éprouve une faim et une soif plus vives qu'auparavant. L'ouvrier libertin est toujours hargneux, parce qu'il est toujours envieux. Fût-il millionnaire, il ne serait pas davantage satisfait. Le riche libertin, lui aussi, s'endette et enrage de ne pouvoir jouir autant qu'un plus riche que lui. Le bonheur n'est pas plus au fond d'une bouteille de champagne qu'au fond d'un litre de vin bleu. S'il est quelque part, c'est au sein d'une famille honnête et bien unie.

Enfin, nous ne sommes pas toujours jeunes. La vieillesse arrive. On se lasse de n'avoir autour de soi que de bruyants camarades. Les camarades eux-mêmes ne font pas grand cas d'un vieux. C'est alors que la famille est secourable à l'ouvrier honnête ; c'est alors que la fidélité de sa compagne, le respect de ses enfants et jusqu'aux jeux de ses petits-enfants répandent des rayons dorés sur le soir de son existence. Mon ami, vous ne voulez plus qu'on lise dans les écoles ce petit livre où il est écrit :

Tes père et mère honoreras
Afin que tu vives longuement.

Quand vos cheveux auront blanchi, vous en aurez du regret. Savez-vous pourquoi les meneurs de l'*Internationale* en veulent à la famille? Parce que la famille est le dernier asile de la sagesse, de la modération, du vrai dévouement fraternel dans nos sociétés.

Voilà un siècle que la franc-maçonnerie, par la multiplication des cabarets, des cafés, des cercles, par l'éparpillement incessant des ouvriers, par une littérature et un théâtre infatigables dans leurs plaidoyers en faveur de l'adultère, s'exerce sans relâche à miner la famille. Le secret de cette tactique est facile à saisir ; mais c'est un secret infâme. L'homme qui a perdu les sentiments de la famille, isolé, dévoyé, mécontent, ahuri, devient une proie assurée pour les habiles qui le veulent exploiter.

L'époux fidèle, le bon père de famille ne se laissent pas exploiter ; c'est pour ce motif que les sociétés secrètes décrètent l'abolition du mariage. Mais c'est pour ce motif que nous entendons, nous, le maintenir.

Hommes sans feu ni lieu, sans patrie et sans foyer, entretenez à grands frais des maîtresses, si vous le voulez ; après avoir juré à une pure jeune fille une fidélité sans fin, courez d'adultère en adultère ; nous n'avons rien à y voir : mais du moins, misérables, respectez l'unique trésor du prolétaire, respectez la famille de l'ouvrier !

X. — A bas les prêtres !

L'*Internationale* déteste les prêtres. Sous ce rapport, elle est en parfaite communauté de sentiment avec tous les coquins de tous les siècles. Néanmoins, pour parler avec exactitude, il faut dire : « L'*Internationale* déteste les prêtres catholiques. » Quant aux ministres protestants, rabbins juifs, muftis musulmans, soit parfaite estime, soit parfait mépris, ils ont été et demeureront à l'abri de toute mesure violente, de toute calomnie. Ce sont des hommes comme les autres. Seuls « les prêtres catholiques se disent, en vertu d'une consécration divine, les hommes de Dieu. » Si d'ailleurs les autres le disaient, on ne les croirait pas.

Ce n'est pas d'hier que, dans les sectes ténébreuses dont l'*Internationale* est l'épanouissement, on s'occupe de purger le sol de ces hommes noirs. La discussion porte uniquement sur les moyens à prendre : « Il faut les tuer! disent les uns. — Non pas, disent les autres, vous ne réussirez jamais à les tuer tous, ni même à en tuer un nombre suffisant. Il faut les réduire à la mendicité! Rien n'est plus facile. 89 leur a pris tous leurs biens; le traitement qui leur est alloué en compensation peut être supprimé, et l'affaire est faite! — Cela ne suffit pas encore, ajoutent les plus fortes têtes; les prêtres trouveraient, comme en Irlande, des fanatiques pour les nourrir et deviendraient, par leur désintéressement, plus populaires que jamais. Il faut les avilir. Nous découvrirons bien quelques journalistes et même quelques défroqués pour exécuter à tant la ligne cette malpropre besogne. En cherchant avec soin, sur quarante mille prêtres, nous en trouverons bien deux ou trois en défaut; quelques scandales vrais feront passer tout le reste. »

De ces divers plans de guerre au clergé, le dernier est incontestablement le plus habile. Qu'ont fait les communards en fusillant brutalement l'archevêque de Paris avec une vingtaine de prêtres? Ils ont fait une auréole au clergé. N'était-il pas plus ingénieux de publier, par exemple, une prétendue correspondance légère entre Mgr Darboy et une religieuse de Picpus, et de se donner des airs de modération en relâchant un vieillard inoffensif?... Aussi, pour un prêtre qu'on fusille, il s'en trouve des milliers qu'on calomnie.

Mais enfin, qu'est-ce que le prêtre? qu'est-ce que cet homme que nos réformateurs prétendent éliminer de la société régénérée?

C'est, à peu près quatre-vingt-dix-neuf fois sur cent, le fils d'un travailleur. Sorti du peuple pour se livrer à de longues et patientes études, il rentre au milieu du peuple; souvent vous trouvez au presbytère sa nièce ou sa sœur qui vaquent aux soins du modeste ménage et dont le simple costume dit à tout visiteur que M. le curé est un enfant du peuple et qu'il n'en rougit pas.

Enfant du peuple, le prêtre aime le peuple. L'amour du peuple est tellement naturel au prêtre que si un jeune homme riche, noble ou bourgeois, embrasse le sacerdoce catholique, celui-là aimera les travailleurs encore plus que les autres.

Travailleur, vous souvient-il du prêtre qui vous fit faire votre première communion? de celui qui visita votre vieille mère sur son lit de souffrance? « Ceux-là, me dites-vous, c'étaient de bons prêtres; mais les autres!... »

Les autres valent ceux-là; toute la différence, c'est que la calomnie mord plus facilement ceux que vous ne connaissez pas.

Ne me dites pas que les prêtres sont des hommes d'argent. Les hommes qui veulent gagner de l'argent embrassent d'autres carrières. Les prêtres, par l'influence qu'ils exercent et par la nature du culte dont ils sont les ministres, fournissent chaque année du travail à des milliers d'ouvriers de tout corps d'état, et de la sorte vous font gagner beaucoup d'argent. Voilà la vérité.

Les prêtres, en attendant qu'on mette tous les nécessiteux à la charge du trésor public, mesure qui doublera les impôts, assistent par eux-mêmes, ou avec l'aide des riches dociles à leurs conseils, toutes les souffrances de la classe laborieuse, chose qui a son prix. Vous verriez, chez les petites sœurs des Pauvres, maint vieillard qui à votre âge détestait cordialement les prêtres et maintenant bénit les prêtres dans cet asile fondé par un prêtre.

Les prêtres soutiennent énergiquement la propriété et la famille. Puisque la propriété et la famille, si violemment attaquées de nos jours, sont aussi indispensables à la prospérité et au progrès de la classe laborieuse qu'au bien de la société tout entière, pourquoi supprimer ces hommes qui, plus puissants que la police, poursuivent jusqu'à la pensée du vol, exigent la restitution de tout argent mal acquis, instruisent votre épouse à vous être fidèle et vos enfants à vous obéir ?

« Nous ne voulons pas être menés par les prêtres ! »

Et qui vous y contraint ?

Le prêtre n'est pas et ne prétend pas être pour qui que ce soit un maître. Si vous voulez l'écouter, il vous donnera de sages conseils, des consolations dans vos chagrins, de vives lumières sur la destinée et sur l'avenir de l'homme ; plus que cela, il vous donnera, avec les sacre-

ments de l'Eglise, la grâce d'en haut, c'est-à-
dire ce secours divin dont il est le dépositaire,
ce secours divin, puissant quoique invisible,
qui vous rendra facile et doux l'accomplissement
du devoir.

Nous savons cela, nous qui sommes convain-
cus que la pratique sincère du christianisme
donne le bonheur même ici-bas ; nous savons
cela, nous les disciples volontaires et satisfaits
du charpentier de Nazareth, de celui qui, au lieu
de mener les prolétaires de la Judée à la bou-
cherie sur une barricade, mourut volontairement pour eux et pour nous sur la croix.

Si vous tenez à vous passer du prêtre ; si la
vue de sa robe noire éveille dans votre conscience des pensées qui vous importunent ; si,
ne voulant pas reconnaître Dieu, vous ne voulez pas écouter l'homme de Dieu, l'homme de
Dieu attendra, en priant pour vous, l'heure où
vous désirerez son assistance fraternelle. A cette
heure-là, vous n'aurez qu'à prononcer son nom,
et quand bien même vous seriez atteint du cho-
léra ou de la peste, il viendra s'asseoir près de
votre couche, prêt à mourir ensuite et à mourir
content, s'il a pu faire descendre sur vous le
pardon de Dieu.

Encore une fois, le prêtre ne vous bénira que
le jour où vous voudrez être béni !

Mais tant qu'il se rencontrera parmi vous des
enfants, des femmes, des vieillards, des ma-
lades, des affligés pour lesquels le prêtre a des
encouragements et des consolations que nul
autre que lui ne sait donner ;

4

Tant que ces héroïques filles de Charité, dont les infirmières communeuses n'ont été que la hideuse caricature, seront appelées à grands cris par tout ce qui souffre ici-bas;

Tant que parmi vos frères qui travaillent il s'en trouvera qui voudront entendre une voix qui les rafraîchisse en leur parlant du ciel;

Tant que vous ne serez pas assuré que la religion est une fable, la vie à venir un mot et Jésus-Christ un homme comme les autres :

Ne touchez pas au prêtre catholique! (1)

DEUXIÈME PARTIE.

XI. — La morale indépendante.

La société telle qu'on l'a comprise jusqu'ici repose sur le principe du *devoir*. Or le devoir est le contre-pied de l'indépendance. L'idéal du vrai citoyen, c'est la soumission aux lois. Et que sont les lois, sinon des liens volontairement acceptés par notre liberté?

Une loi n'est pas une simple indication de ce qui convient. C'est un commandement adressé à quelqu'un qui peut avoir la puissance de dé-

(1) Nous avons traité la question du prêtre dans *les Hommes noirs*; nous y renvoyons nos lecteurs.

sobéir, mais qui n'en a pas le droit. Et pourquoi n'en a-t-il pas le droit? Parce qu'il se trouve placé sous la dépendance du *souverain*, auteur de la loi.

On appelle *morale* l'ensemble des lois écrites dans les consciences ou promulguées par les hommes investis de l'autorité, pour définir les devoirs et en exiger l'accomplissement.

D'où suit que la *morale* apprend à chaque individu en quoi il doit se plier volontairement à une juste dépendance.

Un acte *moral*, c'est un acte de libre soumission à la loi.

Par conséquent, rien n'est plus radicalement absurde que l'expression mise à la mode parmi nous depuis quelques années : *morale indépendante*. Il faudrait dire : *indépendance de la morale*. Mais l'indépendance de la morale, c'est la rébellion contre la morale, l'oubli du devoir, la hideuse *immoralité*.

Morale indépendante, immoralité, voilà le pivot pourri sur lequel l'*Internationale* prétend échafauder la société de l'avenir.

Sans doute on respecte encore quelque peu la pudeur publique. On ne crie pas sur les toits : « Travailleurs, venez vous réunir sous la bannière de l'immoralité ! »

Mais si l'*Internationale* ne dit pas le mot, elle pousse à la chose.

En effet, elle *biffe Dieu.*

Dieu est le souverain, l'autorité suprême, inévitable, éternelle. Dieu ne reçoit pas de l'humanité des droits plus ou moins étendus au

commandement. Dieu est le maître. Son autorité ne peut jamais devenir tyrannique, puisque
Dieu est la sagesse infinie et la bonté infinie ;
mais cette autorité n'a d'autres limites que
celles qu'elle se pose à elle-même. Quoi qu'il
en soit des groupes d'hommes que nous nom-
mons des Etats, l'univers est une monarchie.
Dieu y est roi à tout jamais ; chacun des êtres
que la puissance de Dieu a créés est par essence
propriété de Dieu, sujet de Dieu.

Cette condition ne peut être mauvaise. Car si
nous dépendons nécessairement d'un Dieu tout-
puissant, nous avons aussi nécessairement à
attendre de la part d'un Dieu aussi bon qu'il
est puissant la plus magnifique récompense en
retour de notre soumission à ses lois.

Cette récompense peut être différée ; nous
pouvons arriver à une extrême vieillesse et
mourir même avant de l'avoir reçue ; elle ne
peut pas manquer.

Voilà ce que proclament non-seulement la
religion catholique, mais toutes les religions,
même les plus incomplètes, les plus faussées.

Voilà ce que proclament tous les philosophes
sérieux, tous les hommes d'un véritable génie.

Voilà ce que proclame la conscience de tout
honnête homme qui raisonne de sang-froid.

Mais voici qu'à son tour l'*Internationale,* re-
culant de vingt siècles sous prétexte de progrès,
dit au travailleur : « Tu n'es qu'un tube digestif
percé par les deux bouts, un agglomérat de
poussière un peu plus compliqué que l'huître et
le singe, tes aïeux. Le monde s'est fait tout seul

et se remue tout seul. Personne n'a vu Dieu et ne le verra jamais, car Dieu n'existe pas. »

Donc, point de responsabilité devant une justice souveraine et inévitable. N'est-ce pas, ô travailleurs, une bien heureuse découverte de la science moderne?

Heureuse pour le malhonnête homme, oui ! mais pour l'honnête homme fort affligeante ; car s'il n'existe pas de Dieu pour punir, il n'existe pas non plus de Dieu pour récompenser ; et la récompense ne gâte pas la pratique du devoir. S'il est très-beau de faire le bien par un pur sentiment d'honneur et de charité, il est habituellement très-encourageant, très-salutaire, d'avoir sous les yeux la perspective d'une récompense future.

Je ne confierais ni ma bourse ni ma sœur à un individu très-réjoui d'avoir découvert que Dieu n'existe pas.

Mais la découverte est-elle bien assurée? Hélas ! la prétendue découverte est une énorme *ânerie,* et rien de plus. On a raconté que la veille du massacre des otages, l'une des scènes les plus hideuses de la tragédie internationale jouée à Paris, ce piètre étudiant que la commune fit accusateur public et mit en état de déjeuner à trente francs par tête avec son secrétaire, Raoul Rigault, pérorant dans un café, anéantissait Dieu, le Dieu de tous les hommes et de tous les siècles... au moyen d'une croûte de fromage.

« Qu'est-il besoin d'un créateur? s'écriait le petit pleutre féroce; je vais créer, moi ! Je vais

laisser moisir cette croûte, et dans trois semaines, avec l'aide du microscope, je vous y
ferai voir tout un monde animé, parcouru par
des milliers d'habitants! »

Voilà l'argument de Raoul Rigault et de tous
nos athées contemporains, l'argument des *générations spontanées*. Accordons-lui quatre mi-
nutes d'examen.

Grâce au microscope, lunette qui grossit
énormément les petits objets, notre œil peut
apercevoir distinctement des animaux et des
plantes qui jadis se dérobaient par leur pro-
digieuse petitesse au regard de l'homme. Nous
savons maintenant quelque chose de l'histoire
naturelle de ces êtres dont plusieurs millions
peuvent s'ébattre dans une goutte d'eau. Les
germes en sont répandus partout avec une
incroyable profusion. Quand ces germes rencon-
trent des circonstances favorables à leur éclo-
sion, les animaux et les plantes microscopiques
apparaissent. Les lois de ce petit monde sont
essentiellement les lois des êtres de plus grande
taille ; et si leurs germes trouvent des passages
là où notre regard croit voir une fermeture parfaite, il n'apparaît point d'infusoires dans le
vide. Sans l'intervention de Dieu, rien ne se
fait de rien. Que si, réellement, ces animalcules
se développaient dans les corps organisés en
putréfaction, sans germe préalable, nous n'au-
rions rien à conclure de ce fait, sinon que la volonté de Dieu a établi cette loi que des débris
d'un être vivant sortiront des légions de petits
êtres vivants différents du premier.

A l'appui de l'argument des *générations spontanées*, l'athéisme moderne allègue celui de la *transformation des espèces*. D'abord la transformation des espèces n'est pas démontrée scientifiquement; au contraire. Quand elle le serait, quand un poisson pourrait devenir l'aïeul d'un oiseau et un singe le grand-père d'un *international*, il faudrait dire encore que la providence divine a ainsi organisé le développement de son ouvrage.

S'il est une vérité évidente, c'est que l'univers atteste un plan d'ensemble; or un plan d'ensemble atteste un architecte.

Supposez une lande déserte et un inspecteur qui va tous les jours l'examiner. Combien faudra-t-il de jours pour que, sans l'intervention de personne, un matin notre inspecteur découvre au milieu de la lande un palais bâti? Aux jours substituez les années, aux années les siècles, aux siècles les myriades de siècles, la réponse demeure la même. Tant qu'un bâtisseur n'interviendra pas, on ne verra point de bâtiment. Le délai ne fait rien à l'affaire.

Tout ce que nous voyons nous apparaît avec le caractère évident de la *dépendance*. Tout est *soumis* à des lois; lois si puissantes sur la matière qu'elle ne peut jamais s'y soustraire, lois si puissantes sur l'homme lui-même qu'il n'en peut jamais violer qu'un petit nombre à la fois.

Il existe donc dans la nature non-seulement des forces éparses, mais une force supérieure qui maîtrise tous les êtres inorganiques et vivants, ne lâchant un peu la bride qu'à l'être

intelligent, afin que, mis à l'épreuve, il puisse
mériter honneur ou honte, récompense ou châtiment. Cette force, dont chaque découverte
de la science manifeste plus complétement la
puissance et les ressources infinies, cette force,
démontrée par les fureurs mêmes de ceux qui
redoutent de la trouver à l'encontre de leurs
mauvais desseins, c'est le *souverain* qu'on ne
détrône pas et qui n'abdique pas, c'est DIEU !

Impuissante à supprimer le souverain éternel,
l'*Internationale* espère réussir à en abolir du
moins le souvenir dans la pensée des travailleurs appelés à la fondation de la société nouvelle. « Que Dieu existe donc, dit la secte,
puisqu'il n'existe pas de canon à portée assez
longue pour l'atteindre sur son trône éternel ;
mais la société des travailleurs décrétera sa
déchéance. Il sera, pour le travailleur régénéré,
comme s'il n'était pas. La société nouvelle ne
veut plus de lui et se constituera sans lui. »

Et moi je réponds : « La société, sans lui, ne
se constituera pas ! Sans Dieu, pas de morale ;
sans morale, pas de société. » L'homme, consi-
déré en lui-même, n'a aucun droit d'imposer sa
volonté à son semblable. Si Dieu n'est pas notre
maître, nous n'en avons aucun. Si nous n'avons
pas de maître, nous ne subirons le commandement de notre semblable, même après l'avoir
promis et juré, que dans les cas où nous juge-
rons à propos de subir ce commandement. La
loi suprême d'un chacun sera l'intérêt d'un chacun. La société a pour objet l'union, et l'intérêt
personnel produit la division. L'on s'entendra

très-difficilement pour confectionner les lois; la soumission aux lois sera considérée comme une niaiserie de la part de tous ceux qui pourront, soit par la force, soit par la ruse, arriver à s'y soustraire. Les gros poissons mangeront les petits, et finalement la faim mettra les faibles dans l'esclavage des forts, avec la suprême ressource de l'esclave, le poison et le poignard. Tel est l'inévitable avenir d'une société sans Dieu.

Mais cette société sans Dieu, vous ne la fonderez jamais. L'obstacle ne viendra pas des prêtres et des bourgeois; il viendra des honnêtes gens en blouse, qui ne vous permettront pas de remplacer en France, sous prétexte de morale indépendante, la vertu par le vice.

Entendez cela, vénérables de toutes les loges; entendez cela, rédacteurs de toutes les feuilles écarlates; entendez cela, présidents de tous les comités insurrectionnels. Il existe dans notre France des millions d'ouvriers citadins et ruraux qui veulent l'ordre, qui entendent faire respecter la famille et la propriété, qui aiment mieux être pauvres qu'être voleurs, et élever péniblement leurs enfants que courir les guinguettes en compagnie d'une fille perdue. Votre morale indépendante leur fait horreur, et si vous venez en répandre le venin à leur honnête foyer, ils prendront une fourche pour vous chasser comme on chasse une bête enragée. Vous avez blessé la France, et les blessures que vous lui avez faites sont remplies de pourriture; mais le venin n'envahira pas son noble corps tout entier. Vous ne voulez pas de la morale telle que la comprennent les honnêtes gens. Eh bien, les honnêtes gens ne veulent pas de vous. Et si vous prétendez leur inoculer votre corruption, le peuple, fatigué, indigné, se lèvera et vous jettera à la porte.

XII. — L'enfouissement civil.

En toutes choses, dit la sagesse des nations, considérez la fin. La fin, pour l'homme religieux, c'est la récompense infinie, éternelle. C'est une félicité sans mélange accordée à son être tout entier, à son intelligence abreuvée de lumière, à son cœur enivré de délices, à son corps lui-même resplendissant de beauté. Le cimetière n'est que le lieu d'un repos passager, en attendant la résurrection. Nos aïeux ne détestaient pas la vue des tombeaux; le cimetière entourait l'église, et dans la maison du Dieu vivant, l'on aimait à évoquer le souvenir des êtres aimés qu'on espérait revoir dans un monde meilleur. Les graves enseignements que la mort donne aux vivants étaient bien accueillis. «Faisons le bien, se disait-on, pendant que nous en avons le temps; qui sait si nous l'aurons demain? A chaque instant on est à l'improviste obligé de paraître devant Dieu; soyons toujours en règle avec la loi de Dieu. » De nos jours encore, que d'hommes dont la vie est dissipée et vide de religion, redeviennent chrétiens pour un moment devant la mort ! A ces heures-là, du moins, l'intervention du ministre de Dieu est pour eux une consolation.

Aux yeux de l'athée, un mort n'est qu'une certaine quantité de chair en voie de se putréfier ; un mourant n'est qu'un être désormais sans valeur, un vase qui se brise, un ressort qui éclate, une matière à mettre au rebut. Néanmoins, on s'occupe, dans les sectes athées, du cadavre et du mourant. Le cadavre entre les mains des prêtres, le cadavre dans une église, le cadavre déposé à l'ombre d'une croix, n'est-ce pas pour la foule la plus éclatante proclamation de la vie future, de l'existence et de l'intervention de Dieu ? La présence du prêtre au chevet du mourant, la confession du mourant, de cet homme qui, sur le point de quitter la terre, à l'heure de la suprême sincérité, déclare qu'il croit en Dieu et se repent de ne l'avoir pas servi, n'est-ce pas l'éclatante condamnation de cette morale indépendante qui porte tout l'édifice de l'*Internationale?*

Il devait donc se former, en attendant la réalisation de tout le programme matérialiste, une institution destinée à faire totalement oublier Dieu : j'ai nommé l'association des *solidaires.*

Le *solidaire* — au nom de la liberté !!! — se voue au plus exécrable esclavage que l'imagination puisse concevoir. Il donne à des hommes le droit de mettre obstacle à sa volonté, si, arrivé sur le bord de la tombe, il reconnaît avoir fait fausse route. Ces gens-là n'ont au-

cune preuve sérieuse de la fausseté de la religion ; la plupart sont sur ce point d'une très-
parfaite ignorance. Ils n'ont lu ni Bossuet, ni
Bourdaloue, ni Frayssinous, ni aucun des apo-
logistes sérieux de la religion ; mais ils souhai-
tent qu'il n'y ait point d'enfer ; ils crient bien
fort qu'il n'y en a point, et tout en maudissant
du matin au soir le nom auguste de Dieu, ils
soutiennent que Dieu n'est pas. Tout cela n'est
pas bien fort, et effectivement, aux clartés fou-
droyantes de l'agonie, tout cela ne rassure pas.
Grâce à leur ignorance, à leurs préjugés, à
leurs passions, les ennemis du christianisme
peuvent être *dans le doute ;* pas un seul ne peut
se dire à lui-même : « Je suis *absolument sûr*
que le ministère du prêtre est inutile. »

Si la religion est une erreur, la visite du
prêtre ne fait aucun mal à l'être qui va rentrer
dans le néant.

Si la religion est une vérité, le pécheur qui
meurt sans s'être réconcilié avec Dieu va brûler
dans une flamme éternelle.

Eh bien, la question étant au moins douteuse,
des ignorants s'associent pour s'entr'aider à
cheoir irrémissiblement dans la flamme éternelle, si, comme le disent toutes les religions,
il existe un enfer.

Si les frères et amis se sont trompés, on gé-
mira sans espoir dans la flamme vengeresse ;
car assurément ils n'en feront pas sortir ceux
qu'ils y auront précipités. Là-bas, le stupide
solidaire brûlera, mais ici la secte triomphera.

L'*Internationale* est matérialiste ; elle s'en

fait gloire. Nouveauté bien vieille! mais elle avait été oubliée dans la France chrétienne; on peut la présenter à l'ignorant du dix-neuvième siècle comme un progrès, et la secte n'y manque pas.

Mais admirez! Ce cadavre qui n'est plus rien, cet excrément de la nature qu'il faut simplement cacher pour qu'il n'incommode pas les vivants, voici que nos réformateurs prétendent lui rendre des honneurs.

Les *honneurs funèbres*, on les conçoit dans une société spiritualiste. Le frère que pleure un chrétien n'est pas anéanti; il est seulement entré dans la région de l'éternité. Nous espérons qu'il a demandé et obtenu la paix de la conscience, et qu'ainsi il jouit du bonheur ou que du moins il achève de se purifier pour aller goûter le repos sans fin. S'il a besoin d'expiation, nos prières l'y aideront; voilà pourquoi nous prions autour de son cercueil. Alors même que sa vie aurait été souillée de bien des fautes, nous ne désespérons pas complétement. La charité se plaît à croire volontiers le bien; nous avons la confiance qu'il a recouvré l'amitié de Dieu, et nous honorons sa personne, vivante ailleurs, et en un certain sens présente encore en cette dépouille mortelle destinée à la résurrection. Ainsi le chrétien sait ce qu'il fait quand, avec des prières et des honneurs, il accompagne son frère au champ de repos.

Mais les *solidaires*, quand ils s'attroupent bruyamment autour d'un cercueil qui ne contient plus qu'un peu d'engrais, que prétendent-ils? Ils ne savent pas prier, ils ne veulent pas prier. Que font-ils? Le mort n'est plus rien qu'une matière en voie de désorganisation. Que font-ils encore une fois? Ils font de la réclame pour le matérialisme. Ils crient à la foule qui regarde passer, silencieuse et indignée, ces hideux convois : « Voilà un citoyen qui, sans nos soins, sans notre vigilance, aurait pu demander merci à son créateur ; mais il ne l'a pas fait, ou, s'il l'a fait, nul ne le saura. Nous avons bien monté la garde ; quand le prêtre est venu, nous l'avons insulté et chassé. Applaudissez! Cet animal, qui avait vécu comme nous, ne s'est pas démenti à la dernière heure comme tant d'autres ; il a su mourir *comme un chien!* »

Ils jouent cette hideuse comédie et ils se figurent qu'une population de quarante millions d'hommes en viendra là! Quelques centaines d'ivrognes, d'adultères, de voleurs, de sots orgueilleux peuvent aspirer aux honneurs de « *l'enterrement civil* »; mais le peuple français, jamais! La place de la religion est partout. Partout elle épouvante le méchant et console l'homme de bien. Mais la religion est surtout la protectrice du berceau et de la tombe du prolétaire. Elle prend respectueusement dans ses bras l'enfant pauvre qui vient de naître, et elle le montre à l'humanité tout entière en disant : « Ce petit être qui n'a rien et qui, durant bien des années ne pourra rien, c'est un enfant de Dieu, c'est un frère de Jésus-Christ, c'est un héritier du ciel. Malheur à qui violerait son droit ! Celui-là offenserait l'Etre tout-puissant lui-même. Heureux qui lui fera du bien ! Dieu même se charge de le récompenser. » Quand l'ouvrier meurt sans déployer cette pompe purement extérieure que le riche exige et paye, la religion lui apporte sur son lit de souffrance *le même pain du voyage* qu'aux plus grands de la terre, et récite sur son cercueil *les mêmes prières*, déclarant ainsi qu'aux yeux de Dieu toute grandeur réelle réside dans la vertu. Sur la tombe de ce modeste travailleur, la religion plante la croix, drapeau immortel de l'ouvrier qui mourut pour le salut de l'humanité et ressuscita pour lui montrer le chemin des cieux. Non, le peuple ne jettera pas à terre cette couronne dont la religion sacre le front du plus humble prolétaire ; le peuple ne reniera pas le Christ pour l'ignoble satisfaction d'être enfoui sans prières, comme un chien...

XIII. — L'instruction matérialiste obligatoire.

Matérialiste jusqu'à la mort, tel doit être, d'après l'*Internationale*, le citoyen de la société ouvrière de l'avenir.

Il existe encore des croyants, nous dit-elle ; mais ils seront les derniers. Notre association, devenue l'Etat grâce à une quantité de pétrole plus considérable que la fois précédente, s'emparera de tous les enfants, garçons et filles; elle les parquera dans des écoles d'où elle aura fait disparaître soigneusement tous les instituteurs clercs ou seulement cléricaux, tous les crucifix et toutes les madones; elle leur infusera la *science* telle qu'elle l'entend, c'est-à-dire une explication du monde physique présentée de telle sorte que la foi chrétienne et même les plus élémentaires principes du spiritualisme paraîtront aux jeunes élèves des choses totalement absurdes. L'histoire sera particulièrement manipulée dans ce but. La jeunesse ouvrière apprendra qu'un roi de France ayant fait massacrer quelques centaines de protestants le jour de la Saint-Barthélemy, puis envoyé au pape une dépêche portant qu'un complot contre sa personne avait été heureusement réprimé, le pape rendit grâce à Dieu, ce qui prouve que la religion est une institution sanguinaire, et qu'auprès du cruel Pie IX, Raoul Rigault fut un doux agneau. La jeunesse ouvrière apprendra que les rois d'Espagne ayant envoyé au bûcher, qui était la guillotine de l'époque, des insurgés contre la religion et surtout l'ordre social, insurgés qu'à cette époque on nommait *hérétiques*, comme aujourd'hui *communeux*, les prêtres n'attendent qu'un moment favorable pour brûler tous les ouvriers qui ne vont pas à la messe. La jeunesse ouvrière apprendra ces belles choses, et cent autres non moins intéressantes...

Mais elles n'apprendra pas ces deux sentiments qui seuls font un bon citoyen, le *respect* et *l'amour*. — Du moment où tout est matière, en quoi un morceau d'argile a-t-il droit à plus de respect ou à plus d'amour qu'un autre morceau d'argile ? — En retour, les petits garçons et les petites filles apprendront la superbe maxime de M. de Bismarck : *La force prime le droit.* Ils apprendront que la première place — car on ambitionnera toujours la première place — appartient, dans une école, à l'élève dont le poing est plus solide, et dans la société, à celui qui manie mieux le revolver. Ils apprendront surtout la maxime des matérialistes de tous les siècles : *Chacun pour soi.* Si nous n'avons d'autre but que la jouissance, il faut jouir à tout prix, jouir le plus largement possible. Le dévouement est une duperie des mystiques. C'est chose fort claire, les enfants eux-mêmes le comprendront.

D'où ils concluront plus tard que le soldat qui joue des jambes à l'approche de l'ennemi, dût-il faire massacrer tout son régiment, est un homme d'esprit ; car une fois tué, il ne pourrait plus jouir, tandis que vivant, il peut, durant de longues années encore, manger, boire, fumer, fréquenter le café, le théâtre et le reste.

Ils apprendront — dans un cours particulier d'enseignement mutuel contre lequel l'éducation religieuse la plus vigilante ne lutte qu'avec difficulté, mais qui alors prendra des proportions inouïes — ce libertinage précoce qui tue l'homme dans sa fleur et fait des vieillards avant quinze ans. La gymnastique et l'hygiène perfectionnée des écoles publiques seront d'un très-

léger secours contre le progrès de cet enseignement meurtrier.

Cette éducation jettera sur le pavé une jeunesse étiolée, passionnée, avide de libertinage,
incapable de patience et d'effort, indisciplinée
et indisciplinable, une jeunesse *sans respect et
sans amour.*

Avec de tels éléments, une société devient
un cloaque...

Mais non ! le peuple ne livrera pas ses fils et
ses filles à l'*Internationale* ! Ce n'est pas le
peuple qui a chassé les filles de Charité des
écoles et des ouvroirs ; ce n'est pas le peuple
qui a jeté de saintes religieuses dans la prison
des filles publiques à Saint-Lazare. Ce n'est
pas le peuple qui a persécuté les frères des
Ecoles chrétiennes et versé leur sang. Ce n'est
pas le peuple qui se réjouit de voir arriver dans
un village un instituteur impie ! Ce sont les meneurs, libertins riches, bourgeois tarés, ambitieux auxquels les tyrans antiques ont légué la
fameuse maxime : *Corrompre pour asservir.*

Instruction laïque, soit ! mais instruction impie, non pas ! L'instruction impie a fait ses
preuves ; elle forme de jeunes bandits et de
jeunes effrontées.

L'antiquité païenne elle-même a dit cette parole qui devrait faire rougir les chefs de l'*Internationale*, s'ils savaient encore rougir :

« *L'enfance a droit à tout respect : si vous
préparez quelque chose de honteux, gardez-vous
de mépriser la faiblesse de l'enfant.* »

Pères de famille, il ne s'agit pas ici de vous

seulement. Si les hommes de l'*Internationale* sont les maîtres de la France, vos enfants sont perdus, ou, pour sauver leur honneur, vous n'aurez plus qu'à vous enfuir avec eux dans les forêts du nouveau monde...

XIV. — L'association.

Utile à tous, l'association est véritablement indispensable au prolétaire désireux d'améliorer sa situation. A quoi peut aboutir un homme seul, et encore un homme obligé à consacrer dix heures par jour, et souvent davantage, à *gagner sa vie?* Il est donc très-bon que les prolétaires s'associent afin d'obtenir, par un effort commun, des avantages que toute tentative isolée serait impuissante à atteindre.

Mais l'*Internationale* nous gâte l'association.

D'abord, toute association doit être libre. — Entré, par le fait de la naissance, dans une *famille*, dans une *nation*, j'y ai reçu des services qui m'imposent des devoirs. Un père a secouru mon enfance; je dois secourir sa vieillesse. La patrie a fait de moi un citoyen; elle m'a procuré les moyens de travailler; elle a protégé ma liberté, mon honneur, ma sécurité; je lui dois soumission à la loi, assistance de ma bourse et de mon bras. Ainsi l'exige la nature, ou, pour parler plus correctement, la Providence, qui a

constitué la nature conformément aux règles
éternelles de l'équité.

Quiconque sait que l'Eglise est la société spi-
rituelle divinement fondée pour que la famille
humaine adore le Créateur d'une voix unanime,
sait également que dans cette société les bien-
faits et les commandements de Dieu imposent
à notre conscience des obligations impérieuses.

Hors de là, c'est le champ de la liberté. —
Voilà ce que méconnaît l'*Internationale*. Elle
exerce sur les ouvriers qui ne veulent pas subir
son joug une pression tyrannique plus ou moins
violente selon les conjonctures, mais toujours
souverainement injuste. En Angleterre, des ouvriers, pour refuser d'entrer dans des *trade's
unions* ou d'en subir indéfiniment les exigences,
ont été condamnés, par les tribunaux secrets de
ces associations, à la mutilation. Ils recevaient
un coup de fusil qui leur brisait un membre.
La commune de Paris forçait, sous peine de
mort, les ouvriers honnêtes à marcher dans ses
rangs, et fusillait sans pitié les héros obscurs qui
se refusaient à cette ignominie. Entre les mains
des sectes, l'association perd son caractère ; elle
devient pur despotisme.

Voilà un ouvrier qui fait sa besogne paisiblement, sans causer de dommage à personne,
pourquoi le persécutez-vous ? — Il ne veut pas
être des nôtres. — N'est-il pas libre d'être satisfait de son sort aussi bien que vous d'être mécontents du vôtre ? — Nous sommes les repré-
sentants des intérêts des classes laborieuses. —
La preuve, s'il vous plaît ? — C'est notre opinion.

— Soit ; mais son opinion à lui est diamétralement opposée à la vôtre. Vous prétendez conduire les travailleurs à un Eldorado ; il estime que vous ne pouvez les conduire qu'à la misère et peut-être à *Cayenne.* — « Les opinions sont libres ! » nous disons cela dans nos journaux ; mais quant à ce travailleur dont l'opinion est contraire à la nôtre, s'il ne se plie pas à notre volonté, nous le vexerons, nous le ruinerons, nous le tuerons. — L'Europe entière entendra les gémissements de son agonie. — Non vraiment ! car, en creusant sa fosse, nous crierons tous en chœur : « *Vive la liberté !* »

Telles sont les audacieuses prétentions de l'*Internationale* : imposer ses règlements, c'està-dire les caprices de ses chefs ténébreux à toute la classe ouvrière, et par la classe ouvrière dominer, asservir, piller à l'aise la classe bourgeoise. Le jour où elle triomphera, il n'existera plus d'autre loi que les caprices de ces hommes, légalisés par le vote de comités élus au milieu du tumulte, et vendus d'avance à ces barons de la démocratie. Ce sera pour la France une heure douloureuse, mais de courte durée. Jamais les tyrans hissés au pouvoir par la révolution sociale ne jouiront paisiblement du fruit de leur usurpation. Les servir, c'est une affaire honteuse et une mauvaise affaire.

C'est parce que la révolution sociale — dont l'Internationale est l'incarnation actuelle — entend substituer la *tyrannie sans limites d'un certain nombre de travailleurs* (ou prétendus travailleurs) à l'autorité sociale régulière, qu'elle ne peut s'installer à long terme sur le sol français.

Ce que la violence fonde, la violence le détruit. Vainqueurs des honnêtes gens, les socialistes, avant trois mois, se battront avec fureur les uns contre les autres. Comment ferez-vous vivre en paix des gens brutaux, avides, égoïstes jusqu'à la moelle des os, sans foi, sans loi, sans moralité?

Voyez la révolution religieuse du seizième siècle! Quelques individus bilieux et audacieux, Luther, Calvin et autres, se jettent hors de la société chrétienne régulière et forment des associations particulières. Que deviennent ces associations? Elles se divisent; elles s'égrènent; elles s'émiettent, et avant trois siècles, sous la faux du protestantisme, partout où les associations capricieuses se sont établies, le christianisme s'est entièrement dissous. Réduite à subir les fantaisies de quelques meneurs et les oscillations perpétuelles d'un gouvernement sans base morale, sans unité, la société temporelle ne demanderait ni trois siècles ni trois générations pour sombrer dans la plus épouvantable anarchie.

L'association *internationale*, c'est la partie turbulente des travailleurs qui prétend s'imposer à la partie paisible et à la société tout entière. — Son droit? — Elle prétend avoir celui de la force. — Il faut bien alors lui répondre par la force. De quoi se plaint-elle donc, si on l'attaque, si on la bat, si on l'enchaîne, si on la déporte, si on la fusille? Est-ce que la société peut se laisser assassiner? Est-ce que ce n'est pas le devoir de tous les honnêtes gens de défendre, en se défendant eux-mêmes, les vieillards, les femmes, les enfants, cette grande portion de la société humaine qui ne peut se protéger elle-même et qui a droit à la protection de ceux qui peuvent manier un chassepot?

Associez-vous, citoyens, pour travailler, pour commercer et même pour vous amuser; c'est votre droit. Mais imposer, comme vous le prétendez, vos opinions, vos passions, vos agissements à ceux qui n'en veulent pas, c'est une insolente tyrannie. Jamais, non, jamais le peuple français ne descendra jusqu'à accepter le joug de quelques faquins se déclarant un beau jour *gouvernement de la république sociale, comité du salut public,* ou toute autre chose. L'invariable conclusion de toute prise d'armes socialiste sera toujours le peloton d'exécution ou la Nouvelle-Calédonie.

L'association ne peut d'ailleurs remplacer la société. La société est un fait nécessaire, obligatoire. Né sur le sol français, vous êtes tenu à remplir les devoirs d'un citoyen français; si vous ne le voulez pas, disparaissez. L'association est affaire de liberté; on s'associe à qui on veut, dans la mesure que l'on veut, pour le temps que l'on veut.

Rien de plus absurde dès lors que la *fédération des communes françaises* remplaçant le *gouvernement français.*

Il en est des communes comme des individus.

Egales en principe, très-inégales en fait. Placée au-dessus de toutes les communes, l'autorité gouvernementale défend les communes faibles contre les communes puissantes et ambitieuses. Chargée de procurer le bien public, cette autorité supérieure place l'intérêt général au-dessus des intérêts locaux. Si la commune a un conseil raisonnable, elle accède volontiers aux décisions du gouvernement; si ses chefs sont ignorants ou malintentionnés, elle cède à la force. L'exemple des cantons suisses et des Etats-Unis est allégué mal à propos. Ni le peuple américain ni le peuple suisse n'ont à se défendre contre l'ambition d'un redoutable voisin. L'un échappe à ce péril par sa puissance et l'autre par sa petitesse. Ils ne sont pas comme nous, pour le moment du moins, sous le coup d'une révolution sociale qui s'organise silencieusement sur certains points pour se déchaîner comme un ouragan sur le pays surpris et désarmé. La décentralisation est une excellente chose, mais dans de justes limites. Il est très-préjudiciable au bien que toutes les affaires soient décidées dans la capitale par des gens qui les connaissent de loin et superficiellement; mais les affaires d'intérêt général ne peuvent être traitées partout à la fois, et la république elle-même est obligée d'en venir à l'unité : UNE *assemblée;* UN *chef du pouvoir exécutif.*

Sans pouvoir central supérieur, les faibles sont à la merci des forts, individus et communes.

Ainsi, gardons précieusement le principe de

l'association; mais sachons le comprendre et le pratiquer.

Avant tout, encore une fois, l'association doit être parfaitement libre de la part de tous les contractants.

Elle ne doit léser aucun droit existant; elle est tenue à respecter la société et ses lois. Tout contrat particulier en opposition avec le droit des tiers est radicalement nul de ce chef.

Pour avoir des chances sérieuses de succès et de durée, l'association doit être formée entre des contractants consciencieux. Formée par la liberté individuelle, l'association n'est protégée par la force publique que dans une certaine mesure. Moins grande y est la part du gendarme, plus considérable y doit être la part de la conscience.

Les plus belles et les plus fécondes associations sont celles dont les membres se réunissent pour *faire le bien*. Sous ce rapport, l'Eglise catholique a réalisé des prodiges. Que sont toutes ces communautés tant décriées par les libres penseurs riches et si secourables aux pauvres, libres penseurs ou croyants? Des associations dont le but est, non de jouir davantage, mais de faire plus de bien.

Les sociétés de *secours mutuels*, autre application du principe d'association, sont à la fois une bonne affaire et une bonne action. Les plus prospères sont celles où la bonne affaire prime la bonne action, où l'ouvrier songe plus à secourir son frère malheureux qu'à être secouru lui-même.

Les sociétés *coopératives* sont une excellente chose; mais beaucoup ont sombré, parce que l'intérêt personnel mal entendu (il l'est toujours par les égoïstes, dont la vue est aussi courte que le cœur est étroit) a produit des querelles, des indélicatesses, des divisions qui ont tout compromis.

Travailleurs, associez-vous; mais ne vous associez qu'à des travailleurs d'une probité au-dessus de tout soupçon. Associez-vous; mais ne vous laissez pas associer de force. Associez-vous, mais en plein soleil, en hommes qui n'ont pas à rougir de ce qu'ils font.

Hélas! ce n'est pas ainsi que l'*Internationale* entend et pratique l'association.

XV. — L'organisation du travail.

L'objet spécial de l'exécration des hommes du drapeau rouge, ce sont les *oisifs*.

Certainement l'oisif occupe un rang très-bas dans l'échelle des êtres. Seulement je m'étonne de voir les plus bruyants adversaires des *oisifs* passer dans l'oisiveté du cabaret un temps qui n'a d'autres limites que celles de leurs ressources financières; de telle sorte que si leur bourse était toujours pleine, ils ne travailleraient jamais. Ces vertueux seraient-ils donc seulement des jaloux?

La paresse est un des mauvais penchants de l'homme, comme le vol, le libertinage, l'ivrognerie. L'ivrogne s'enivre quand il le peut ; le paresseux flâne et s'amuse au lieu de travailler, quand sa fortune le lui permet.

Si l'Etat enlève à l'oisif son argent, parce qu'il en profite pour éviter le travail, il faudra que l'Etat ôte à l'ivrogne le vin et les liqueurs dont il profite pour s'enivrer ; il faudra que l'Etat ôte à l'homme violent l'arme dont il se sert pour effrayer ses contradicteurs ; il faudra que l'Etat brûle tous les livres, tous les journaux dont le menteur se sert pour tromper le public, etc., etc...

Rude besogne pour l'Etat, que de dépouiller chaque citoyen des objets dont ses passions peuvent le conduire à mal user.

L'Etat, pratiquement, ce sont des fonctionnaires, des *hommes*. Voilà des hommes investis du pouvoir d'apprécier la vertu de chacun, et après cette appréciation, de le dépouiller à discrétion !... Avec ce beau système, où allons-nous ?

Sachez donc le comprendre, ô travailleurs ! L'oisiveté est une des plaies du corps social ; mais si l'Etat confisquait la propriété des oisifs, ou refusait de la protéger comme toute autre propriété, le remède serait cent fois pire que le mal et lancerait le gouvernement sur la pente d'un arbitraire intolérable.

L'oisif a pour châtiment le *mépris public*, l'*ennui*, mal terrible qu'ignore le travailleur occupé, et enfin la *justice de Dieu*.

D'ailleurs, n'oublions pas que celui-là travaille qui fait le bien d'une manière quelconque. Le travail intellectuel est plus dur et plus fructueux que le travail des bras. Elever une nombreuse famille dans l'amour du devoir et le dévouement au pays est un travail aussi fécond qu'honorable. Après longues années dépensées dans une activité utile, la vieillesse a droit au repos. Plusieurs trouvent dans une complexion maladive, dans des circonstances indépendantes de leur volonté, un obstacle insurmontable. Quand on y regarde de près, le nombre des oisifs est beaucoup moindre qu'il ne paraît d'abord à l'observateur superficiel.

Ces réserves faites, j'aborde la grande question qui préoccupe justement les classes laborieuses, à savoir l'*organisation du travail.* Sur ce sujet, tous les systèmes se ramènent à deux :

1° L'ETAT, *propriétaire unique et entrepreneur général, salariant tous les citoyens ;*

2° LA LIBERTÉ *protégée, mais respectée par l'Etat.*

Le premier système, proposé par les écrivains socialistes comme nouveauté, n'est qu'une vieillerie. C'est le système turc. En Turquie, le sultan est maître absolu des choses et des personnes. Tout le sol est à lui, tous les produits lui appartiennent, tous les citoyens sont ses esclaves. Il leur impose tel labeur qu'il lui plaît, après quoi il les nourrit ou les paye comme il l'entend.

L'unique différence entre le système turc et le système socialiste est celle-ci : en Turquie, le despote est un homme; dans l'Etat socialiste, ce sera un comité élu.

Si j'étais obligé à choisir, je préférerais le système *turc* au système *communard*. Un homme est plus facile à rassasier qu'une troupe d'hommes qui tiennent un instant seulement dans leurs mains la clef du trésor public. Un monarque peut avoir le désir d'être applaudi et chéri par un peuple satisfait, tandis que le suffrage populaire, habilement dirigé par des meneurs exercés, fait des choix si singuliers!...

Impossible de se passer d'une autorité suprême. A peine l'*Internationale* a-t-elle éconduit le Dieu de tous les siècles, le Dieu créateur du ciel et de la terre, qu'elle le remplace par un autre dieu, l'Etat tout-puissant, l'Etat irresponsable; l'Etat dont le bon plaisir fait le juste et l'injuste. Or cet Etat, quand je demande à le contempler, on m'introduit dans une salle où une douzaine d'hommes plus ou moins honorables se disputent et vont aux voix, bientôt remplacés par d'autres honorables tout aussi embarrassés pour se mettre d'accord, mais tout aussi décidés à ne pas s'en aller les mains vides.

Qu'un gouvernement, roi ou assemblée, préside aux intérêts généraux de la société, je le conçois et je l'accepte; mais que les fonctionnaires publics me traitent comme un père traite un fils en bas âge; qu'ils règlent mes affaires à ma place; qu'ils se substituent à moi dans les transactions quotidiennes que le travail amène, ce serait trop humiliant et trop absurde! Je veux bien remplir mes devoirs de citoyen; mais, si je suis cordonnier, je prétends faire des bottes où je voudrai, quand je voudrai, et les vendre à qui je voudrai au prix que j'en accepterai. Je n'entends pas être jusqu'à mon dernier jour, vis-à-vis d'un contre-maître de l'Etat, dans la position d'un simple apprenti. Je veux, en dehors de mes devoirs publics, *être maître de ma personne, être maître chez moi.* Le travailleur et le travail ont même destin; pour que le travailleur reste libre, il faut bien que le travail soit libre.

On me promet sans doute, en échange de ma liberté, une augmentation de salaire. L'Etat commandera à quiconque voudra se servir des bottes confectionnées par moi, de me les payer cinquante francs. Mais on me laissera mes bottes pour prendre celles que mon voisin vendra en cachette à un prix plus modéré. Ou bien encore on portera des sabots. La belle affaire que de décréter que le maçon sera payé vingt francs par jour, si, voyant cela, les gens se contentent des vieilles maisons! Est-ce que le prix des denrées ne croîtra pas dans la même proportion que celui des journées? Et alors qu'aura-t-on gagné?

Comment des ouvriers intelligents peuvent-ils donner dans un si ridicule panneau? On leur dit que l'Etat, entre les mains de chefs élus par les travailleurs, ferait asseoir les travailleurs à un festin de Gamache. Mensonge effronté! Jadis, dans les trop fameuses républiques d'Athènes et de Rome, l'Etat distribuait aux prolétaires *du pain et des jeux;* mais comment? Grâce au brigandage et à l'esclavage. Athènes avait vingt mille citoyens et quatre cent mille esclaves. Rome dépouillait l'univers comme les Prussiens ont dépouillé la France. Et pourtant, en fin de compte, l'on aboutit à une indigence générale et effroyable. C'est la conclusion forcée de toutes les orgies.

Seul le travail libre peut créer des produits abondants et même des produits suffisants. Seul le travailleur libre est un travailleur courageux et économe, capable de produire beaucoup et de consommer avec modération. Le travail demande à l'Etat, avant tout, LA SÉCURITÉ.

La sécurité, sans laquelle, nous l'avons dit, toute entreprise sérieuse est impossible; sans laquelle le capital s'enfuit et l'ouvrier se décourage, incertain du lendemain.

Aussi rien n'est plus fatal au travail que ces *gouvernements d'aventure* qu'une révolution installe et qu'une autre révolution démolit. Pareils aux sables du désert, qui boivent les eaux du firmament sans se rassasier jamais, les gouvernements d'aventure absorbent les milliards, aggravent les impôts et ruinent les peuples.

Le travail demande à l'Etat de réprimer les malintentionnés qui jettent le désordre dans l'atelier, de maintenir à chacun le droit d'utiliser ses aptitudes, seul ou de concert avec des associés, sans être molesté par personne; de réprimer la concurrence fondée sur la fraude, de faciliter le mouvement des produits par des travaux publics judicieusement exécutés; en un mot, de protéger sa liberté en la respectant.

Quant aux différends qui surgissent entre les patrons et les ouvriers, entre le capital et la main-d'œuvre, l'Etat pourrait proposer un arbitrage conciliateur. Mais on ne voit guère comment l'Etat trancherait par la force des questions si complexes, et, sauf meilleur avis, la concurrence paraît la solution la plus efficace de ces tiraillements, que l'esprit de fraternité, s'il était moins affaibli, arrêterait dès le début, au grand avantage de tous.

Un fabricant donne à ses ouvriers un salaire que ceux-ci jugent trop modique. De quel droit l'Etat contraindra-t-il ce fabricant à donner davantage? Si l'Etat avait confié à ce patron un troupeau d'esclaves, pour ces esclaves l'Etat pouvait stipuler. Mais ce sont des hommes libres, qui se sont engagés librement; ils ont le droit de se retirer. « Mais ils ne le peuvent pas en réalité; ils mourraient de faim. » C'est là une situation fâcheuse; mais l'usine du fabricant étant à lui, il demeure libre de la fermer, et dans ce cas les ouvriers se trouveront également sans occupation.

Comme il se rencontre ici-bas des individus plus robustes, plus agiles, plus intelligents que d'autres, il s'en rencontre également de plus riches. Cette inégalité de fait, qui n'empêche pas l'égalité devant la loi, est pour ceux qui en souffrent une épreuve plus ou moins pénible; mais il est impossible de les en délivrer au prix du bouleversement général de la société.

La liberté individuelle, liberté du patron, du contre-maître, de l'ouvrier, de l'apprenti, c'est l'unique secret de la prospérité d'une nation.

Il en est des ouvriers comme des soldats : tous n'obtiennent pas les galons, les épaulettes ; mais, en somme, c'est dans la catégorie des plus laborieux et des plus honnêtes que se recrutent généralement les contre-maîtres et les patrons.

Difficilement le travailleur contemporain se montre satisfait de son salaire ; mais trop souvent il gaspille le temps et la matière première ; généralement, l'ouvrier actif et consciencieux obtient des conditions meilleures d'un patron qui l'estime et tient à lui. La solution dernière du problème du travail comme de tant d'autres problèmes, c'est l'honnêteté.

Jamais on n'arrivera ici-bas ni à distribuer à chacun des hommes une part égale de jouissances, ni à proportionner exactement les jouissances de chacun au travail de chacun. Les mesures violentes ne feraient qu'aggraver les misères de la race humaine, et surtout des faibles, les premiers écrasés dans toute commotion violente.

C'est, pour quiconque y sait réfléchir, la preuve que tout ne finit point ici-bas.

XVI. — Le gouffre.

Sous les pieds du travailleur moderne un gouffre est creusé : trois fois malheur à lui s'il y tombe !

Ce gouffre, c'est la *société secrète*.

La *société secrète* a des noms divers. Elle se compose de groupes en apparence opposés les uns aux autres. L'*aristocratique franc-maçonnerie* ne veut dans son sein que des gens à l'aise. « Rappelons-nous, mes frères, dit Ragon, que la maçonnerie n'a pas constitué un corps d'individus vivant aux dépens des autres. » « Ne présentez jamais dans l'ordre, dit Beurnonville, que des hommes qui peuvent vous présenter la main et non vous la tendre. » Il faut au franc-maçon l'habit noir et les gants. Ses festins sont copieux et l'on y boit des vins de choix. Le franc-maçon est habituellement propriétaire. Dans une foule de compagnonnages, de sociétés ouvrières plus ou moins secrètes, l'élément prolétaire domine, et parfois tout propriétaire se voit radicalement exclu. Si, dans une lutte nouvelle, la société régulière était vaincue, la bataille recommencerait aussitôt entre les girondins et les montagnards de la société secrète devenue la société maîtresse. Car il existe plus d'un plan de république sociale, et les démolisseurs de la société ne sont d'accord que pour détruire.

Reconnaissons-le toutefois : les fractions de la société secrète sont unies par un sentiment commun : *la haine!* Haine de la société régulière, haine de toute supériorité, quelle qu'en soit l'origine, haine de la vertu et des hommes qui la pratiquent, et par-dessus tout haine de Dieu!

Oui, voilà la pierre angulaire de l'édifice

souterrain auquel travaillent tant d'ouvriers en France, en Europe, dans l'univers entier : LA HAINE !

Le christianisme a renouvelé le monde en prêchant l'amour de Dieu et des hommes et en pratiquant cet amour.

La société secrète, ennemie du christianisme, prêche la haine de Dieu, et des lèvres seulement l'amour des hommes. Elle pratique la haine de Dieu et la haine du prochain.

Elle ne parle que de destruction, de massacre, de pillage. Elle tue, elle brûle, elle saccage et dit : « C'est par le sang qu'il faut régénérer l'humanité. »

Oui, le sang régénère l'humanité ; mais c'est le sang de la victime qui succombe en pardonnant. Et ce sang rejaillit à la face du bourreau, qui chancelle et tombe dans la boue.

Frère, homme de labeur, homme d'honneur, homme de dévouement, la société secrète vient à toi et te dit :

« Jeune ouvrier, je t'apprendrai quelque chose que tu ne sais pas.

— Eh ! quoi ?

— Je t'apprendrai la haine.

— Arrière, Satan ! Le Christ m'a appris l'amour. Je préfère la leçon du Christ à la vôtre.

— Le Christ est mort. Les hommes de haine ont été les vainqueurs du Christ.

— Les hommes de haine n'ont pas plus été vainqueurs du Christ sur le Golgotha que les hommes de haine n'ont été les vainqueurs de l'archevêque Affre, de l'archevêque Sibour, et de l'archevêque Darboy.

« Le Christ est ressuscité, et il ressuscitera ses serviteurs. Le Christ est vivant, le Christ est adoré, le Christ est aimé, le Christ verra les multitudes revenir à ses pieds et les sauvera encore une fois. Les hommes de haine disparaîtront dans l'ignominie; le Christ et les siens s'élèvent dans une gloire qui grandit toujours. »

La société des hommes de haine se partage en deux classes : *maîtres* et *esclaves*. Les maîtres sont peu nombreux et très-prudemment cachés. Du fond de leurs repaires, ils donnent l'impulsion. Ils réglementent des œuvres de la haine. Ils décident quels citoyens il faut tuer, quels monuments il faut incendier, quelle classe d'hommes il faut calomnier, quel gouvernement il faut renverser, quelle nation il faut démolir. Les esclaves, affublés ou non de décorations et de titres, les esclaves, parmi lesquels marchent des princes, n'ont qu'un droit : obéir. Obéir, en dépit des réclamations les plus désespérées de la conscience : les maîtres n'admettent point que les esclaves aient une conscience.

Ceux-ci, du reste, seraient mal venus à se plaindre; ne se sont-ils pas livrés corps et âme par le serment qui leur a ouvert les portes de la société secrète? Quand un religieux catholique fait vœu d'obéissance, il réserve les droits de la conscience; il s'engage uniquement à faire le bien qui lui sera commandé, même au prix des plus grands sacrifices. Plutôt souffrir, plutôt mourir que de mal faire : voilà la base de toutes les règles religieuses.

Rien n'est plus naturel ; ce que se proposent les associés, ce n'est pas d'arriver à une plus grande somme de jouissances ; c'est de conquérir une plus grande somme de vertus.

La société secrète met Dieu de côté, avec Dieu la morale, avec la morale la conscience. Dès lors elle s'arroge le droit de tout exiger sans distinction, et comme elle exigera parfois des choses singulièrement répugnantes, elle prend soin d'enchaîner le malheureux adepte par le faux point d'honneur et par la peur.

Voici, par exemple, le serment exigé des adeptes de la *charbonnerie* :

« Dût-il m'en coûter tout mon sang, je jure
« d'employer tous les moments de mon exis-
« tence à faire triompher les principes d'éga-
« lité, de liberté, de haine à la tyrannie, qui
« sont l'âme de toutes les actions publiques et
« secrètes de la respectable carbonarie. Je pro-
« mets de propager l'amour de l'égalité dans
« toutes les âmes sur lesquelles il me sera
« donné d'exercer quelque influence. Je pro-
« mets, s'il ne m'est pas possible de rétablir le
« régime de la liberté sans combattre, de le
« faire jusqu'à la mort.

« Je consens, si j'ai le malheur de devenir
« parjure à mes serments, d'être immolé par
« mes bons cousins les grands élus, de la ma-
« nière la plus souffrante. Je me dévoue à être
« mis en croix au sein d'une vendita, d'une
« grotte ou d'une chambre d'honneur.

6

« ... Je consens, de plus, à ce que mon ventre
« soit ouvert de mon vivant, que mon cœur et
« mes entrailles soient arrachés et brûlés, que
« mes membres soient coupés et dispersés, et
« mon corps privé de sépulture. »

Après ce serment, l'adepte est devenu une
machine à jamais soumise aux fantaisies des
chefs inconnus de la secte. On lui peut tout
commander, même l'assassinat. Si en lui la
conscience se réveille, s'il s'aperçoit qu'on l'a
joué, s'il se révolte contre l'odieux despotisme
des directeurs de la société secrète, un matin
les passants trouveront son corps étendu sur le
sol, percé d'un coup de poignard.

Aussi les révoltes sont rares, et le malheureux
esclave marche sans murmurer dans le chemin
où la secte le pousse.

Ne prend-il pas d'ailleurs pour des amis,
pour des sauveurs ces inconnus qui lui parlent
sans cesse de liberté, qui flattent toutes ses
convoitises, et, d'une plume libérale, lui prodi-
guent à pleines colonnes... les promesses?

Je voudrais bien connaître un chef de société
secrète appauvri au service du prolétaire.

Je voudrais au moins savoir le nom de ces
messieurs... Les officiers d'ordonnance que
nous expédient ces généraux prudents sont des
cerveaux fêlés, grands parleurs, grands bu-
veurs... et très-rarement tués sur la barricade.

O peuple! ô peuple! jusqu'à quand te jouera-
t-on avec des mots? Jusqu'à quand réussira-t-
on, en évoquant les fantômes de la *dîme* et de

l'*inquisition*, à te conduire à la servitude, à la ruine et à la mort?...

Travailleurs, voulez-vous sauver la classe laborieuse en sauvant la France tout entière? Déclarez hautement que le temps des masques est passé; ne courbez pas la tête devant des chefs inconnus, devant des lois sans autorité. Dites aux hommes de haine que vous voulez le progrès par la fraternité; aux hommes de bouleversement, que le sol français est couvert d'assez de ruines; aux hommes de rapine, que vous êtes des hommes de dévouement; aux hommes sans famille et sans patrie, que vous respectez vos vieux parents, que vous aimez votre compagne, que vous voulez mériter l'affection de vos enfants, et qu'en dépit de leurs excitations vous aurez toujours le cœur français.

Il est temps d'en finir avec l'odieuse tyrannie de la société secrète. Si les hommes de haine, les hommes d'orgueil, de jalousie, d'ambition effrénée se plaisent dans des tanières ténébreuses, qu'ils y restent; mais qu'ils cessent de vouloir empoisonner ces millions d'hommes qui travaillent.

A cette œuvre de salut qui doit être la gloire du dix-neuvième siècle et le salut de l'humanité, toutes les bonnes volontés doivent concourir.

Ne parlons plus de bourgeois et d'ouvriers, de propriétaires et de salariés.

A tout honnête homme je tends la main; tout honnête homme sert la cause du travailleur; plus un honnête homme a d'argent et d'influence, plus il fait de bien à son frère moins heureux. Le progrès social ne consiste pas à faire tomber celui qui est en haut, mais à aider à monter celui qui est en bas.

L'*Internationale* veut détruire; honnêtes gens de toutes les classes, conservons et améliorons. N'appauvrissons pas le pays; augmentons ses ressources par notre sagesse, notre activité, notre dévouement.

Mais hâtons-nous. Car l'*Internationale* n'a pas désarmé; elle creuse la mine : le gouffre de l'anarchie sanglante est ouvert, et la France y pourrait tomber demain.

XVII. — Solution du problème social.

La solution du problème social, c'est la solution chrétienne; il n'en existe pas d'autre.

« Mais l'Eglise catholique est l'ennemie des lumières, l'ennemie du progrès, l'ennemie des travailleurs... »

Mon cher lecteur, je connais ces phrases-là. Des scélérats les ont inventées, d'innombrables dupes les répètent. Allons aux faits.

Quel est le premier et le plus insigne ami du travailleur? C'est le charpentier de Nazareth, c'est Jésus-Christ. Jésus-Christ a tellement honoré le pauvre, c'est-à-dire le prolétaire, qu'il lui a donné la place d'honneur dans son Evangile. Aujourd'hui encore, l'esclavage, c'est-à-dire le supplice perpétuel du prolétaire, règne partout, sauf dans les lieux où a été prêché l'Evangile. Interrogez donc l'histoire. Par l'introduction d'un élément nouveau et tout divin — la *charité*, — l'Evangile rapproche les hommes que les intérêts divisaient, et le progrès social commence. Ce que l'Evangile a commencé, c'est l'Evangile qui l'achèvera.

Vous m'arrêtez. « L'Eglise catholique, à laquelle nous voyons bien que vous voulez nous ramener, a méconnu l'esprit de l'Evangile. »

L'Eglise! non, jamais. Quelques-uns de ses membres, quelques-uns même de ses chefs, peut être. Alors l'Evangile vous dit ce que vous avez à faire. Ecoutez les catholiques quand ils vous transmettent les enseignements de la divine fraternité; n'imitez pas ceux d'entre eux qui, après avoir bien parlé, agissent mal.

Citez-moi une seule vertu que l'Eglise catholique n'encourage pas, un seul vice qu'elle ne réprouve pas.

La religion nous commande la prière : n'est-il pas souverainement honorable de s'entretenir avec le créateur des mondes comme un enfant s'entretient avec son père? Ne puiserons-nous pas là un plus haut sentiment de notre dignité que dans la lecture des journaux qui nous égalent à l'orang-outang?

La religion nous commande de purifier notre âme une fois l'an en avouant nos fautes pour en obtenir le pardon. N'est-ce pas le moyen de nous empêcher de tomber dans un complet endurcissement?

La religion nous ordonne de recevoir Dieu même en nous. N'est-ce pas le plus insigne honneur qui puisse être offert à une créature de Dieu?

La religion exige de *ceux qui le peuvent* (car elle n'ignore pas les tristes nécessités auxquelles l'ouvrier est assujeti) quelques pénitences fort légères et la sanctification du dimanche. L'abstinence et le jeûne sont surtout le lot du chrétien riche, qui n'a pas dans un rude travail un motif d'exemption. L'institution du dimanche est tellement favorable aux intérêts de l'ouvrier qu'il faut un aveuglement incurable pour ne pas le voir. On doit habituellement bien réfléchir avant de commencer une grève. Mais si la grève du dimanche était organisée partout, l'ouvrier, sans voir diminuer le salaire de la semaine, aurait un jour de repos et d'honnête liberté.

Contre la religion, tous les griefs se réduisent à deux, l'un qu'on fait sonner très-haut; l'autre qu'on ne dit que très-bas, à ses intimes amis.

La religion absorbe beaucoup d'argent; c'est le premier. *La religion condamne des penchants que nous voulons satisfaire;* c'est le second.

« *La religion absorbe beaucoup d'argent.* » Le budget du culte est presque insignifiant auprès des budgets des autres ministères. Les frais du casuel, qui supplée à l'insuffisance évidente des allocations de l'Etat (faible et très-juste compensation pour le pillage général de tous les biens d'église, lors de la première révolution), sont presque entièrement supportés par les classes riches, qui réclament la *pompe extérieure* des cérémonies. La religion n'est pas seulement un sentiment ; elle est une institution ; elle a des ministres ; elle a des autels ; elle a des fêtes, des fêtes auxquelles tous sont conviés, fêtes démocratiques assurément ; la pratique de la religion entraîne donc dans une société quelques dépenses.

Mais la religion économise cent fois ce qu'elle coûte par les vertus qu'elle produit et par les vices dont elle préserve. Ce ne sont pas les Etats religieux qui font banqueroute ; ce sont les Etats révolutionnaires. Ce ne sont pas les familles qui payent *le sou des chaises* que nous voyons sombrer ; ce sont les familles sans foi. Un lundi international coûte plus que quatre dimanches catholiques.

Remarquez bien ceci. En donnant à celui qui la pratique avec sincérité et courage les *jouissances du cœur*, les seules inépuisables ici-bas, la religion seule procure à l'homme *le bonheur à bon marché.*

« *La religion condamne des penchants que nous voulons satisfaire.* » Et pourquoi les condamne-t-elle ? Si les prêtres n'étaient que des intrigants, comme le disent leurs envieux les journalistes, ils feraient comme les journalistes ; ils flatteraient vos penchants pour vous dominer. Ce n'est pas pour leur agrément qu'ils proclament, en face de toutes les passions ameutées, les dix commandements de Dieu. Il leur serait si facile d'imiter la prudence des ministres de tous les autres cultes, qui ne se font point d'ennemis! Ce n'est pas pour leur agrément; c'est donc pour votre bien; pour votre bien futur, dans la vie à venir, qui n'est pas un rêve; pour votre bien présent ici-bas.

Le vice ne donne que des satisfactions brutales et passagères, suivies de longs chagrins. L'homme raisonnable le comprend, l'homme vicieux en fait l'expérience.

Vous me dites : « Cela est vrai. Mais nous sommes entraînés. Dans un atelier, sur un chantier, on tolère tout blasphème, toute parole obscène; la religion seule est honnie. On y peut être tout, excepté bon chrétien. »

Je le sais, et voilà pourquoi l'ouvrier contemporain peut être tout excepté un homme heureux.

Eh bien, il faut en finir avec cette servitude du respect humain, avant que la société française soit irrémédiablement pourrie. Dans nos grandes villes, dans nos bourgades, dans nos champs, l'ouvrier français est appelé aujourd'hui à un apostolat aussi sublime que celui de Pierre le pêcheur et de Paul le faiseur de tentes; il est appelé à savoir souffrir les lâches et stupides persécutions de ses camarades fanatisés par les journaux de l'*Internationale*; il est appelé à pratiquer les vertus évangéliques dans ces agglomérations de travailleurs où l'esprit de blasphème, de haine et de crapule possède de malheureux ouvriers corrompus par des scélérats; il est appelé à porter la lumière en ces lieux où la parole du prêtre ne peut pas pénétrer, régions plus infidèles que les régions païennes de la Chine et du Japon. C'est parmi les travailleurs que doivent apparaître les apôtres, les sauveurs des millions d'hommes qui travaillent.

Ils apparaîtront, ces sauveurs ! Il se rencontrera des âmes à la hauteur de cette tâche héroïque.

La Providence les bénira et les fortifiera. Comme la glace fond et s'écoule devant les rayons du soleil, ainsi les complots des hommes de haine échoueront devant les œuvres des hommes de la loi d'amour. Grâce au concours de toutes les bonnes volontés, grâce surtout à ces *ouvriers* vaillants sans lesquels tout succès demeurait impossible, l'œuvre de pacifique régénération s'accomplira. Au lieu de s'écrouler dans la honte, la France se relèvera dans l'honneur, dans la force, dans la prospérité.

Et les misérables exploiteurs du pauvre peuple, démasqués et confondus, sauront qu'ils avaient compté sans deux puissances plus fortes que leur habileté et leur audace : la Providence de Dieu et l'honnêteté du travailleur.....

Français, ne vous laissez plus séduire. Nous avons assez souffert !

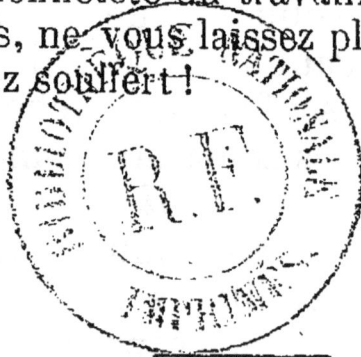

TABLE DES MATIÈRES.

PARIS. — E. DE SOYE ET FILS, IMPR., PL. DU PANTHÉON, 5.

www.ingramcontent.com/pod-product-compliance
Lightning Source LLC
Chambersburg PA
CBHW060622100426
42744CB00008B/1472